Wolf-Dieter Storl

BOM SHIVA

*Gewidmet den Freunden
Ganesh Baba und Bhairav Bhoga Baba*

AF178406

NACHTSCHATTEN SMART BOOKS

Impressum

Verlegt durch:
NACHTSCHATTEN VERLAG AG
Kronengasse 11
CH-4500 Solothurn
Tel: 0041 32 621 89 49
Fax: 0041 32 621 89 47
info@nachtschatten.ch
www.nachtschatten.ch

5. Auflage 2018
6. Auflage 2022

Umschlaggestaltung und Layout: Trigger.ch, Zürich

Druck: Druckerei und Verlag Steinmeier GmbH, Deiningen
Printed in Germany
ISBN 978-3-03788-114-9
Abdruck und sonstige Wiedergaben nach Absprache mit dem Verlag.

BOM SHIVA

Gewidmet den Freunden
Ganesh Baba und Bhairav Bhoga Baba

Einführung

Bestimmte Pflanzen spielen in der Ernährung, in Märchen, Mythen und Sagen, in Zeremonien, Ritualen, im Zauber, im natürlichen Kalender, in der Heilkunde, im Orakel und in der Weissagung, in der Religion und überhaupt im symbolischen und kulturellen Kosmos der unterschiedlichen Kulturen eine wichtige Rolle. Mit vielen verschiedenen Namen werden solche Pflanzen benannt, wobei jede Benennung etwas über die Eigenschaften und das Wesen der Pflanze aussagt. So sehen wir, dass Pflanzen nicht nur eine botanische oder pharmakologische Identität haben, sondern auch eine linguistische und eine kulturelle. Diese Beziehungen zwischen Pflanze und menschlicher Kultur auszuloten, ist die vornehmlichste Aufgabe der **Ethnobotanik**. In dem vorliegenden Büchlein geht es um eine alte Kulturpflanze – den Hanf.

In unserem Kulturkreis war der Hanf, seit der Jungsteinzeit, also noch vor den Kelten, eine wichtige Kulturpflanze. Das belegen die auf 5500 v.u.Z. datierten Grabfunde aus Thüringen. Die Germanen weihten die Faser- und Textilpflanze der holden Göttin Freya. Im vorchristlichen Kultus wurden die nahrhaften Samenkörner in den Nächten zur mittwinterlichen Sonnenwende, den Verstorbenen und Ahnen als Speise geopfert. Für viele Naturvölker sind es die Toten, die vom »Jenseits« aus, die Fruchtbarkeit im Diesseits bewirken: so ist es verständlich, dass Hanfsamen Fruchtbarkeit und Gedeihen symbolisierten. Die Gepinstpflanze Hanf machte die Fahrt auf dem offenen Meere möglich, denn aus seinen festen Fasern ließen sich Segel und Taue herstellen. Später lieferte die Pflanze das Papier, auf dem die Bibel, das »Wort Gottes«, gedruckt wurde – so wurde der Hanf unwillkürlich auch Träger der sakralen Kultur des christlichen Europas. Über Jahrhunderte war der Hanf auch eines unserer wichtigsten Heilkräuter: In der deutschen Volksmedizin wurden bei Krämpfen und »wilden Wehen« Umschläge aus Hanfblättern um die betroffenen Stellen gewickelt. Auch legte man Gebärende auf Hanfwerg, damit sie der Krampf nicht befalle.[1] Ärzte der Renaissance, wie etwa Nicholas Culpeper, verschrieben u.a. die in Milch gekochten Hanfsamen bei trockenem Husten und Emulsionen aus Samen bei Leberblockierungen, Ausflüssen und schlechten »Humoren im Darm«. Seit Dioskurides (1. Jahrhundert n.u.Z.) wird bei Ohrenschmerzen der frischgepresste Hanfsaft in schmerzende Ohren geträufelt. Trotz der gegenteiligen Behauptung von einigen akademisch gebildeten *Potheads*, spricht jedoch wenig dafür, dass der Hanf in der bäuerlichen Gesellschaft Nordeuropas geläufige Anwendung als psychoaktives Entspannungsmittel fand – es sei denn als Bierwürze. Das war auch so nicht notwendig, denn die vorindustrielle Gesellschaft hatte zwar ihre Not und Härte, aber nicht den Stress, die permanente Anspannung des sympathischen Nervensystems, die den modernen urbanen Menschen plagt. Im 19. Jahrhundert war es zuerst die künstlerische *Boheme* und bald darauf die Ärzteschaft, die sich für die entspannende und euphorisierende Wirkung der weiblichen Hanfblüten interessierte. Queen Victoria behandelte ihre prämenstruellen Beschwerden mit Hanfextrakten, und ihr Enkel Kaiser Wilhelm tröstete sich mit Hanfzigaretten über den Verlust von Reich und Glorie hinweg. Zu Anfang des 20. Jahrhunderts sah es so aus, als hätte der Hanf als Faserpflanze sowie als Heilpflanze eine große Zukunft vor sich. Aber dann – aus inzwischen bekannten kommerziellen, politischen und ideologischen Gründen[2] – wurde die einst heilige Pflanze verteufelt. Auch das ist Kulturgeschichte, ist Ethnobotanik.

I. Eine Sakralpflanze

Aber lassen wir die europäische Geschichte dieser Pflanze und wenden uns, der kulturellen Rolle zu, die der Hanf seit vielen tausend Jahren am Ganges und im Himalaya, im Land der wandernden *Sadhus* und Fakire, der Heiligen und *Pandits* (Gelehrten) spielt und spielte. Denn dort, in Indien, war *Ganja* schon immer zu Hause bzw. scheint er mit den Indoariern schon sehr früh aus Zentralasien in den Subkontinent eingewandert zu sein. Schon als – vor rund 3500 Jahren – die Veden geschrieben wurden, galt der Hanf (*Bhanga*) als mächtige Medizin für Leib, Seele und Geist, als Sakralpflanze von gleichem Rang wie der heilige Feigenbaum (hind. *Pipal*) oder das heilige Basilikum (hind. *Tulasi*). In der Hanfpflanze lebt **Shiva** (»der Gütige«), der auch als **Mahadev**, als der »Große Gott« bekannt ist. Die Pflanze ist ein Sakrament, welches – im korrekten rituellen Kontext und mit einer unvoreingenommenen Gesinnung – die Kommunion mit diesem »Gott der Götter« ermöglicht. Sie führt in die Tiefe, in den Himmel. Sie verbindet, so sagen die Hindus, mit Shiva, der ja zugleich unser eigenstes, wahres Selbst ist. Schon in den Veden hören wir von »*den vom Winde begürteten, mit Staub bekleideten Asketen, die, sobald die Götter in sie eingetreten sind, dem Wehen des Windes folgen*«. Diese, allesamt außerhalb der gesitteten Gesellschaft in der Wildnis lebenden, gottestrunkenen Wanderer (*Yatis*), unberührbaren *Vratyas*, Bettelheiligen (*Ajivikas*) und schweigenden *Munis*, führten vorarische Rituale aus und berauschten sich an dem magischen Gebräu **Rudras**. (Rudra, »der vor Wut heulende«, ist eine Erscheinung Shivas, der, ähnlich wie Odin mit seiner wilden Jagt, mit einer Horde Natur- und Sturmgeister durch die Wildnis fegt.)

Seit Urzeiten spielt der Hanf in Indien in den wichtigsten religiösen Zeremonien und den gesellschaftlichen »Übergangsritualen«, etwa bei Hochzeiten und Bestattungen, eine Hauptrolle. Das Kraut *Soma*, das heilige Ambrosia der arischen Viehhirten, das zwischen Steinen zermahlen, mit Milch gemischt, durch ein Sieb gepresst und bei Feierlichkeiten am selben Tag getrunken wurde, ist bis heute nicht eindeutig bestimmt worden. Den vielen Liedern zufolge, die in der *Rigveda* dem Soma geweiht sind, muss es ein mächtiges Kraut gewesen sein:

> *Wir haben Soma getrunken,*
> *Unsterblich sind wir geworden,*
> *Gekommen sind wir zum Licht,*
> *Aufgefunden haben wir die Götter.*
> *Was könnte uns jetzt noch Missgunst antun,*
> *Was, o Unsterblicher, die List eines Sterblichen.*
> (Rigveda VIII, 48,3)

Handelt es sich bei dem Zaubertrank um das aus Hanf-rispen hergestellte *Bhang*-Getränk? A. L. Basham, wohl der bedeutendste Kenner des alten vedischen Indien, sieht in den Beschreibungen der Wirkung wie auch in der Zube-reitungsart im Bhang den ehesten Kandidaten für das Götterelixier Soma[3]. Ich würde mich dem Urteil Bashams anschließen.

Noch heute wird das geistbewegende Kraut im hindu-istischen Kultus in Form von Bhang eingesetzt, um *Dar-shana* – das Schauen des göttlichen Hintergrunds des Seins – zu ermöglichen. Bhang – als flüssiger Brei oder zu wei-chen, feuchten Kugeln gerollt – wird aus zermahlenen männlichen wie weiblichen Hanfblättern unter Zusatz von Jogurt und Pfeffer gebraut. Auch das Rauchen der Pflanze in Form von *Ganja* – das sind die getrockneten weiblichen Blätter – ist uralt und dient der Gottesschau. Tilok Chandra Majupuria und Indra Majupuria, bekannte nepalesische Kulturwissenschaftler an der Tribhuvan University (Kath-mandu, Nepal), schreiben: »Marihuana ist die heiligste Pflanze Lord Shivas. Dieser Herr der Yogis oder Asketen bleibt im immerwährenden Zustand der ewigen Wonne, wobei seine Augen im *unmani mudra* verharren. Die Verbindung zwischen Marihuana und höhere Bewusst-seinszustände ist wohlbekannt. Das Rauchen von *Charas* unterstützt das visionäre Durchdringen des Schleiers der Unwissenheit, öffnet das Tor zur Zukunft und spielt eine Rolle in der Transformation des menschlichen Bewusst-seins.«[4]

Die Pflanze ist in Indien so heilig, dass, – wie auf einer Kuh, einem Bilvablatt (*Aegle marmelos*), den Veden oder, wie bei uns, auf einer Bibel – Eide und Gelübde auf seinem Blatt geschworen werden können. Wer den Schwur nicht einhält, ist des Todes. Sogar im Traum wirkt Hanf segensreich: Wer von Bhang träumt, dem ist die Glücksgöttin **Lakshmi** hold. Dagegen ist es ein böses Omen, wenn man träumt, dass jemand das Hanfkraut mit Füßen tritt. Die Verehrung der entheogenen[5] Eigenschaften dieses, mit den Brennnesseln und Hopfen weitläufig verwandten Krauts, findet sich auch in anderen Kulturkreisen wieder. Wie der Ethnopharmakologe Christian Rätsch hervorhebt, ist Hanf weltweit Bestandteil verschiedener schamanischer Kulte.[6] Immer wieder wird Hanf in Bezug zu den zentralen religiösen Mysterien, den Hauptgöttern und Heilbringern einer Kultur gestellt. Einer der vielen volkstümlichen mexikanischen Namen für das Kraut ist Marihuana: Der Name deutet auf *Maria y Juan* (Maria und Johannes) hin, die als Zeugen des heilbringenden Opfers des Gottessohnes, rechts und links neben dem Kreuz stehen. Der in Südafrika »*Dagga*«[7], *Umya* (Xhosa) oder *Nsangu* (Zulu) genannte Rauchhanf wird von den *Ngangas* und *Sangomas* (Schamanen und »Hexenmeister«) geraucht, um Schadzauber ausfindig zu machen, um Krankheiten zu heilen und um die Geister zu sehen – es ist der »Rauch der Ahnen«. Im Kongo zerstörte das Bantuvolk der Balouba 1888 alle seine Fetische, setzte die Hanfpflanze in den Mittelpunkt seines religiösen Lebens und bezeichnete sich von da an, als »Söhne des Hanfs«. Bei den Rastafaris in Jamaika ist *Gann-Jah* der von **Jah** (Jehova) den Menschen geschenkte »Baum der Weisheit«, das »Heil der Nation«. Der Rastafari sagt von sich, er nehme das brennende Kraut in seinen Körper hinein, »so wie die Christen zu Ehren Gottes in ihren Kirchen Weihrauch verbrennen« und die Ganjapfeife wird mit dem Abendmahlkelch verglichen.[8] Der Ethnobotaniker William Emboden schreibt, dass bei den Chinesen schon vor 6000 Jahren der Hanf als göttliche Pflanze galt. Die Samen galten als wertvolle Nahrung und lieferten Lampenöl, die Fasern wurden zu Fischnetzen und Textilien verarbeitet. Im Jahre 2737 v.u.Z. empfiehlt der göttliche Kaiser *Shen Nung* Hanfharz bei Beriberi, Verstopfung, Frauenkrankheiten, Gicht, Malaria, Rheuma und Geistesabwesenheit. Den veränderten Bewusstseinszustand nach Cannabisgenuss bezeichneten die Chinesen als »göttliche Transzendenz«.[9]

Shivas Blumenkinder

In den 60er und 70er Jahren des 20. Jahrhunderts pilgerten mehrere Millionen Jugendliche ins Land des Ganges. Das Aufkommen des billigen Düsenflugs und Überlandbusse machten es möglich. Dort trafen die seelisch verhungerten Kinder der materialistischen Wohlstandsgesellschaft auf eine Kultur, die »den Gast als Gott« behandelt; sie setzten sich zu Füßen Ganja rauchender Babas und Mahatmas; sie schlossen sich wandernden Sadhus an, teilten mit ihnen das Ganja-Rauchrohr (*Chilam*) und lauschten noch nie gehörte Worte ewiger Weisheiten. Unter Anweisung der Sadhus entlockten sie dem Chilam ganz andere Dimensionen als dem Joint, der ohne spirituellen Bezug gepafft wurde. Der Marihuana-Joint, der in Amerika über schwarze Jazzmusiker und mexikanische Saisonarbeiter Einzug in die »Hippie-Szene« hielt, konnte lediglich dem technomanischem Alptraum seine harten Kanten und spitzen Ecken ein wenig nehmen und den coolen Jazz und Rock besser ankommen lassen. Das Chilam aber war ein Tor zu Shiva!

Einige der neuen Morgenlandfahrer und »Euro-Sadhus« vergammelten, verkamen und verreckten. Die meisten kamen jedoch in afghanischen Samtkleidern, Paisleys und Seidengewändern, mit Malas behangen, mit Nasen- und Ohrringen geschmückt, nach Patchouli riechend, »Shivoham« chantend, den Duft der Freiheit ausströmend, glücklich strahlend und bekifft zurück und erzählten fabelhafte Geschichten. Shiva und Krishna hielten ihren Einzug in den materialistischen Westen und schlugen Wurzeln in der verwüsteten Seelenlandschaft, die T.S. Eliot in seinen Gedichten als das »*Wasteland*« bezeichnet.

Die neuen Wandervögel kamen mit einer neuen Vision vom Leben zurück in die westliche Welt: *Love, Peace and good Vibrations*. Auch waren sie überzeugt, dass das heilige Kraut Shivas der technomanischen, auf Aggression und Todestrip eingeschworenen westlichen Welt – Stichworte: Vietnam-Krieg, Konsum als Lebenssinn, Umweltzerstörung! – den Weg zur Spiritualität und zur Erkenntnis des Göttlichen führen würden. *Pot* wurde quasi Religion. Hippie-Musiker wie Jeremiah Faith, sangen populäre Songs – »Jesus, come to us in Marihuana!« –, die sich wie Beschwörungen ausnahmen; die erfolgreiche Landkommune Stevens Farm[10] (in Tennesee) proklamierte »*Grass*« (Hanf) als die heilige Kommunion, anstelle von Rotwein. Solche Exzesse brachten selbstverständlich die Lenker des Staates und die Kirchen auf den Plan. Besorgte Pastoren, Politiker und andere *bricks in the wall* versuchten die indischen Gurus als raffinierte Geldmacher, Rattenfänger oder machthungrige Manipulatoren zu entlarven. Und dann wurde das »Drogenproblem« ausgemacht. Wie konnte das »Killer Weed«, welches sonst nur *Niggers* und *Spics* (Mexikaner) rauchten, »göttliche Transzendenz« auslösen? Übrigens, war nicht der wirre Anarchist und angebliche Massenmörder Charlie Manson Dauerkonsument? Zwar sprachen Psychiater und Drogenexperten von einer Regression zu kindlichen, magisch-religiösen Vorstellungs- und Verhaltensmustern, die durch Hanfgenuss ausgelöst werden, dabei handle es sich nicht etwa um echte religiöse Erfahrung, sondern vor allem um Sinnestäuschung und Halluzination, wie sie bei psychotischen Patienten auftreten. Die experimentell-wissenschaftliche, objektive Analyse an menschlichen und tierischen Versuchsobjekten lässt keinen anderen Schluss zu, als dass es sich um Vergiftungserscheinungen handelt.[11] Dem pflichten auch die Hirnforscher bei: Von wegen Spiritualität – es handelt sich lediglich um Fremdbesetzung von Rezeptoren des Nervensystems, die für körpereigene Neurotransmitter vorhanden sind.

Inzwischen glaubt auch kaum einer der ehemaligen Hippies und *Flower Children* mehr an eine universelle Heilung von Mensch und Gesellschaft durch Ganja. Zu viel wurde gelinkt, gedealt – die ersten Blumenkinder sahen es als Sakrileg an, das heilige Kraut zu kaufen oder verkaufen – und sonstwie missbraucht. Zu viele frustrierte Kids dröhnten sich mit Hasch zu, um den stupiden Alltag zu entkommen. Kriminelle und »hippe« Geschäftemacher rauchten es – meist mit Tabak gemischt – nicht um die Erleuchtung zu erfahren oder mit dem göttlichen Selbst in Verbindung zu treten, sondern um im Geschäft »cool« zu bleiben, um die Nerven zu beruhigen. Nicht nur einige Studenten und Künstler, sondern auch viele »normale« Bürger, die mit psychedelischen Substanzen experimentierten, sprengten die Pforten ihrer Seele und drohten sich in den Weiten des inneren Weltraums zu verlieren. Der – auf Marihuana basierenden – sanften Revolution, der »Aquarian Conspiracy« (Wassermann-Verschwörung) ging der Ofen aus.

Aber auch da hätten die Indienpilger den Sadhus besser zuhören sollen. Niemand hatte längere und gründlichere Erfahrung mit diesen endlosen Dimensionen der Seele als sie. Seit Jahrtausenden haben indische Yogis und Meditanten in diese Räume hineingelauscht, haben die Himmel und Höllen mit Namen belegt und ihre Bewohner, die Geister, Götter und Dämonen zur Kenntnis genommen. Niemand unter den Hindus hat diesbezüglich mehr Erfahrung als die *Shaivas*, die Verehrer Shivas. Und diese lassen uns wissen, nur einer Seele, die durch dharmischen Lebenswandel und durch Yoga[12] rein und gefestigt ist, kann Shivas Kraut zur Erleuchtung verhelfen. Wer dämonisch veranlagt ist, wird noch dämonischer, wer verlogen ist wird noch verlogener – das betonen die indischen Gurus immer wieder. Der »Sünder« wird durch die Einnahme von Hanf ebenso wenig zum Heiligen, wie der Heilige zum Sünder. Nach indischer Erkenntnis verstärkt Hanf die schon vorhandenen seelischen Anlagen. Der Sadhu kann rauchen, da er in seinem Selbst, in Shiva, zentriert ist. Derjenige, der nicht zentriert ist, kann dem Wahnsinn verfallen. Auf diese Weise schlagen die Götter jene, die boshaft und lieblos sind, mit Wahnsinn und zerstören sie. Der Missbrauch von Ganja durch unlautere Menschen gilt als Merkmal des Dunklen Zeitalters, des *Kali Yuga*.

Lebensstufen

Ein Geschöpf – sei es ein Mensch, Tier, Geist, Dämon oder Gott –, das dem großen Yogi Shiva folgt, indem es dem Lug und Trug der Welt entsagt und sich ganz der Yogadisziplin hingibt, entwickelt eine mächtige innere Hitze (*Tapas*). Diese Hitze ist dieselbe Kraft, welche die Pflanzen wachsen lässt, welche in Mensch und Tier das sexuelle Fieber der Lust erzeugt und durch welche der weibliche Schoß immer wieder neues Leben gebiert. Mittels yogischer Alchemie wandelt der Asket diese Hitze in ein rein geistiges Feuer um, in dessen Flammen die Illusionen, die Täuschungen und Unwahrheiten, die uns umgarnen, zu Asche verbrannt werden. Wird der Asket beim »Ausbrüten« gestört, dann kann sich die aufgestaute innere Glut blitzartig über die Augen entladen – zum Schaden des Störenfrieds. So geschah es, dass der Liebesgott **Kamadeva**, der den in tiefster Versunkenheit meditierenden Asketen Shiva-Shankar an die betörende Maya binden wollte, vom Feuerstrahl des dritten Auges getroffen und vernichtet wurde.

Indem ein Asket schrittweise die Illusionen verbrennt und die Selbst- oder Gotteserkenntnis erlangt, wird er selber allmählich zu Shiva. Also hütet sich der gewöhnliche Sterbliche einen solchen Meditanten zu belästigen. Einzig im Kali Yuga, in diesem finsteren Zeitalter, in dem die

Menschen geistig blind geworden sind, hat man die Ehrfurcht vor diesen Gottesmenschen verloren. Sogar in Indien beschimpfen viele »fortschrittliche«, »gebildete«, Cola-trinkende und Marlboro rauchende Zeitgenossen die aschebeschmierten Sadhus als fortschrittshemmende, faulenzende Landstreicher[13] und trachten diese, zusammen mit den heiligen Kühen und streunenden Hunden, mit Paragraphen zu belegen. Aber auch ihr Wahn erwartet ein feuriges Ende aus dem Scheitelauge des Mahajogis.

Im Allgemeinen jedoch achtet man noch immer die in rote Tücher gekleideten oder oft splitternackt umherwandernden Gottessucher und verehrt sie als Shiva in menschlicher Gestalt. Sie sehen zwar noch aus wie Menschen, sind aber schon zu Übermenschen geworden, haben die gesellschaftlichen Verstrickungen und sozialen Prägungen abgelegt, wie eine Raupe, die nach der Verpuppung als Schmetterling davonfliegt. *So'ham, Shivo'ham* – »ich bin er, ich bin Shiva« – lautet eines der Mantras, das sie singen.

Trotz aller Ehrfurcht, die man den echten Sadhus entgegenbringt, sieht man es im Allgemeinen nicht gerne, wenn ein *junger* Mensch diesen Weg der Entsagung wählt. Der Sinn des Lebens besteht eben nicht nur in der Suche nach Erlösung (*Moksha*), sondern auch im *Dharma*, der Erfüllung der Pflichten gegenüber Familie und Kaste, in *Artha*, dem Erwerb und der Mehrung weltlicher Reichtümer, und in *Kama*, dem Genuss sinnlicher Freuden. Deswegen teilt der Hinduismus das Leben der Menschen in vier Stadien (*Ashrama*) auf: Als Jugendlicher ist der Mensch ein Lernender, ein *Brahmacharyn*, der keuch und ergeben im Dienst an seinen Eltern und seinem Guru sein Dharma erfüllt. Dieses

Dharma beinhaltet die Lebensaufgabe, die Berufung, des einzelnen Menschen – das Wort Dharma ist übrigens abgeleitet vom indogermanischen Wortstamm *dhri*, »tragen«, und ist verwand mit unserem Wort »treu«, »trauen«, dem englischen *tree* (»Baum« bzw. »die Eiche« als der tragende Weltenpfeiler) und mit dem *Druiden*, dem »Baumweisen«. Dharma ergibt sich aus alten karmischen Verpflichtungen, die gelöst werden müssen, und bedeutet Arbeit und Dienen. Sadhus, aber, die in ihrer mitternächtlichen Initiation auf den Leichenverbrennungsstätten ihr bisheriges Leben den Flammen übergeben haben, arbeiten nicht; sie haben ihr Karma[14] schon hinter sich gelassen, haben es aufgelöst; sie haben es durch das Feuer der Askese, durch strenge Einfachheit und durch das tägliche Ritual des Rauches des heiligen Krautes zu reiner weißer Asche verbrannt. Sie steigen ja nicht, wie der junge Mensch, in die sozioökonomischen Prozesse, in die Familiengründung und in den Beruf, ein, sondern sie steigen aus: Sie geben sich ganz Gott hin, sie werden eins mit Shiva. In diesem Zusammenhang ist es verständlich, dass der hedonistische Gebrauch rauscherzeugender Substanzen durch Jugendliche in Indien nicht positiv gewertet wird. Einzig bei besonderen Festen, wenn die menschliche Seele den Alltag verlässt und vorübergehend in die »Ewigkeit«, in die Götter- und Geisterwelt eintaucht, wird Hanf in der Form von Bhang eingenommen: Bei Hochzeiten und Totenfeiern; beim chaotischen Narrenfest *Holi*, wenn die fruchtbarkeitsbringenden Kräfte des Frühlings orgiastisch gefeiert werden; beim *Shivratri*, der Hochzeitsnacht Shivas, wenn die ganze Nacht durchwacht wird und das Linga, der phallusförmige Stein, der Shivas erhitztes Glied darstellt, mit kühlendem Bhang gewaschen wird; beim Lichterfest *Divali*, dem indischen Halloween (Allerseelen) zu Anfang November, wenn überall Lampen aufgestellt werden, um den Geistern der Toten den Weg in die Seligkeit zu weisen; beim *Navaratri*, den »neun Nächten« im September, wenn die Göttin die Seite Shivas verlässt, um, wie eine auswärts verheiratete Tochter ihrer Familie einen Besuch abzustatten. Sie kommt in jedes Haus, denn jede Familie ist ihre Familie – am zehnten Tag, *Dussera*, wird sie feierlich verabschiedet und kehrt zu Shiva zurück. Divali gilt übrigens als ein günstiger Tag für das Glücksspiel, denn an dem Tag verspielte Shiva all sein Hab und Gut, seine Söhne Ganesh und Murugan aber, gewannen alles wieder zurück.

Nach den Lehrjahren folgt das Stadium des verheirateten Haushalters (*Grihastha*), der den Familienwohlstand mehrt und zugleich die Ahnen ehrt, indem er sich der Sinneslust (*Kama*) hingibt und Nachwuchs zeugt. Mann wie Frau stehen nun in ihren weltlichen Verpflichtungen. Auch hier hat das *Chilam*, das mit Ganja gefüllte Rauchrohr, wenig Platz. Man kaut zwar Betel zur Aufmunterung oder als Aphrodisiakum, trinkt im Sommer ein Thandai, ein kühlendes Getränk, das neben Fruchtsäften und Gewürzen oft Cannabis enthält. Auch in diesem Lebensstadium findet das Chilam oder die Kugeln aus Bhang nur bei besonderen Anlässen, bei Bestattungen und Hochzeiten, wenn es gilt vorübergehend aus dem Alltag herauszusteigen, Anwendung.

In der Mitte des Lebens folgt nun, als drittes Stadium, der Lebensabschnitt des »pensionierten« Einsiedlers (*Vana-*

prashtha = Waldeinsiedler), der sich, zusammen mit seiner Frau, in die Abgeschiedenheit zum Zwecke der Entsagung und Meditation zurückzieht. Nun da die Söhne die Familiengeschäfte übernommen haben und die Töchter gut verheiratet sind, kehren sie dem Kampf des Lebens den Rücken. Sie nehmen nur ungekochte Nahrung zu sich, hauptsächlich Früchte und Blätter, suchen die Gesellschaft von Weisen und Heiligen, lauschen ihren Lehren und wandeln auf dem Pfad der Erkenntnis. Sorgfältig bereiteter, mit Mantren besungener Bhang ist ein Mittel, um beim Studium der heiligen Schriften, der Veden und Upanischaden, zu einem tieferen, meditativen Verständnis zu kommen. Dieser Lebensabschnitt ähnelt dem, im traditionellen europäischen Bauerntum gepflegten Rückzug ins Altenteil, ins »Stöckli«, wo man die Bibel liest und sich auf den Gang durchs Himmelstor vorbereitet, sich aber auch ab und zu »s' Gläsli Wi'« (Gläschen Wein) oder einen Schoppen Bier gönnt. Erst zu allerletzt, nahe dem Lebensende, sollte man sich für das vierte Ashrama, das Leben als *Sannysin* entscheiden, indem man alle Bindungen – Familie, Kastenangehörigkeit, Beruf, ja, sogar den eigenen Namen – fallenlässt, sich von selbstsüchtigen Interessen verabschiedet und nur noch die Befreiung, die Loslösung von aller Weltlichkeit sucht. Nur in diesem letzten Lebensabschnitt ist es angebracht besitz- und obdachlos, in ein orangerotes, ungesäumtes Tuch gekleidet, die Bettelschale in der Hand, von Dorf zu Dorf zu wandern und ein tägliches Quantum Hanfkraut zu rauchen.

Wenn Jugendliche es den Sadhus, Sannyasin oder Hippies nachmachen, zum Chilam greifen und dabei ihre

Familienpflichten vernachlässigen, sind die orthodoxen Hindus ebenso beunruhigt wie unsere Bürger, wenn sich Heranwachsende täglich alkoholisieren oder zudröhnen. Das heilige Kraut gehört nicht Brahma, dem Schöpfer und Hervorbringer, sondern **Harshana**, dem Gott der Totenfeiern; es gehört *Hara*, dem Shiva, in seiner wegführenden, raubenden, ergreifenden, einnehmenden, zerstörenden Erscheinung; es vermittelt Zugang zur »anderen Seite« und macht den Weg in die Ewigkeit frei.

Den Wanderheiligen, den von Hara-Shiva Ergriffenen, gehen weder Kastenzugehörigkeit noch Lebensstadien etwas an. Egal wie alt sie sind – es gibt auch Kindersadhus –, sie befinden sich schon halb im Jenseits, sie sind »lebende Tote« und ihnen steht nicht nur Shivas Kraut zu, man erwartet regelrecht, dass sie sich ständig im entheogenen, erweiterten Bewusstseinszustand befinden. Das erste Chilam wird gleich am Morgen nach dem Bad im Fluss oder Teich geraucht.

Das Schema der *Ashramas* oder Lebensstadien ist ein, in den altehrwürdigen *Gesetzen des Manu* vorgegebenes ideelles Schema, an das sich orthodoxe Hindus versuchen zu halten. In den Dörfern jedoch rauchen viele Bauern, nicht nur die Alten oder die heiligen *Babas*, am Abend ihr mit Ganja vollgestopftes Tonrohr. Die untersten Kasten (*Shudras*), die Unberührbaren (*Harijan, Dalit*) und die Ureinwohner (*Adavasi*), die ihre Hütten im Urwald haben, halten sich wenig an die Regeln der orthodoxen Hindus und konsumieren das Kraut als Genuss-, Entspannungs- und Liebesdroge. Im Gegensatz zu den Kastenhindus, die vegetarisch und abstinent leben, trinken sie auch gerne

Alkohol und essen Fleisch – am liebsten Schweinefleisch. Niemand wird sie auch zwingen, davon zu lassen, denn die unteren Volksschichten, die Kastenlosen und Eingeborenen gelten als Shivas Kinder. Oft erscheint Shiva – unerkannt und von arroganten Brahmanen verpönt – als einer von ihnen.

Auch die Muslime stehen außerhalb der vedischen Regeln. Muslimische Fakire (Sufis) schlürfen Bhang oder rauchen Ganja um ähnlich den Sadhus mystische Ekstase zu erlangen. Selbstverständlich ist es nicht der Gott mit dem Dreizack, der in der Pflanze lebt, sondern der Prophet Elijas, ein *Siddha*-Meister (Zauberer), der trockenen Fußes durch den Jordan schritt und mit einem Feuerwagen in den Himmel flog. Die muslimischen Händler hingegen rauchen vor allem das mit Tabak gemischte Harz, *Charas* oder Haschisch, in Wasserpfeifen oder Hukas. Die Tabakbeimischung verhindert den absoluten geistigen Flug, den die gottestrunkenen Fakire anstreben, erlaubt dem Händler aber entspannt und zugleich cool und kalkulierend, seine Geschäfte zu betreiben. Soziologische Untersuchungen zeigen, dass in Indien 40 % des angebauten Hanfs von wandernden religiösen Asketen geraucht wird, 26 % von den Bauern; nur 10 % wird zu Bhang verarbeitet, der bei religiösen Anliegen getrunken oder in Hingabe an Shiva, über das *Linga* gegossen wird.[15] Der unbestimmte Rest wird für Getränke und Süßigkeiten, und ebenfalls, in der ayurvedischen Medizin, zur Behandlung von Migräne, Neuralgien, Magenkrämpfen, Verdauungsproblemen, Asthma, Schwierigkeiten beim Harnlassen (Dysurie), Depression, Melancholie und anderen Leiden eingesetzt.

Die Inder vergleichen die Lebensstadien des Menschen mit dem Werden und Vergehen einer Pflanze. Diese keimt, wurzelt und nimmt durch das grüne Blatt die Sonnenkraft auf; aber dann lässt sie die grüne Vitalität hinter sich, sie blüht und verblüht, sie samt sich aus, verwelkt und vergeht. Wie alles im Universum unterliegt auch diese Entwicklung dem Wirken der Götter, voran Brahma, dem Schöpfer, Vishnu, dem Erhalter, und Shiva, dem Zerstörer. Das Wirken Brahmas wird in der Wurzel und im Sprießen und Sprossen ausgemacht; das Wirken Vishnus ist im grünen Laub der voll entfalteten Vegetation erkenntlich; das Wirken Shivas im Auflodern der Blüten, im Bestäuben, Befruchten und schließlich im Verblühen. Die Samen sind die Asche dieses pflanzlichen Feuers. Shivas Feuer ist ein Feuer der Zerstörung und dennoch der Erneuerung.

Ebenso sind die Lebensstadien der Menschen unter die Obhut der Göttertrinität gestellt. Brahma, bzw. seine wunderschöne Shakti, die *Sarasvati*, leiten die Kinder und Jugendlichen, hüten und lehren sie, wie Gärtner es mit ihren jungen Pflänzchen in den Saatbeeten tun. Sarasvati, die weiße Göttin mit dem Schwan, der Leier und dem Buch, die Göttin der Gelehrsamkeit, begabt die jungen Menschen mit der Fähigkeit zu lernen. Vishnu, der Erhalter, bzw. Lakshmi, seine rot gekleidete Shakti, wirken im zweiten Lebensstadium. Lakshmi ist die strahlende Göttin des Glücks; sie segnet die Familien mit Lebensfreude und Wohlstand. Die letzten zwei Lebensstadien gehören dem ständig Ganja rauchenden Shiva. Shiva und seine Shakti, die schwarze *Kali* oder goldene *Durga* (»die Unnahbare«), zerstören alle Illusionen und Einbildungen, die den Menschen im Laufe des Lebens befallen und befreit ihn von gesell-schaftlichen Einbindungen und vermeintlichen Sicherheiten. Brahma und seine Shakti Sarasvati, sind nährendes, fließendes, aus den Urtiefen hervorquellendes Wasser. Sie entsprechen dem Frühling, dem Keimen, dem Ins-Leben-Gehen. In der ayurvedischen Lehre verkörpern sie den Zustand des *Kapha*, des feuchten Schleims. Vishnu und Lakshmi sind mit *Vata*, der Wind des Lebens, assoziiert. Shiva offenbart sich derweil als *Pitta*, als alles konsumierendes Feuer, als Glut der Askese, als Hitze der Leidenschaft, als Fieber, als Flamme des Scheiterhaufens. Zu ihm passt das Kraut, das in der ayurvedischen Medizin als heiß und trocken beschrieben wird, und dessen Wirkung es ist, Vata und Kapha zu verringern und Pitta zu vermehren. In der Form von Bhang, also mit Milch und Wasser vermischt, soll – nach indischer Ansicht – das Hanfkraut eine kühlende Wirkung haben: Es soll das Blut kühlen, den ausgebrannten Geist beruhigen, die Ausstrahlung schön und harmonisch machen und das Leben verlängern. Shivas Anhänger gießen Bhang über das Linga, um das heiße Zeugungsglied Gottes wohltuend abzukühlen.

Wir sehen also, dass das Hanfkraut eine zentrale Rolle im kulturellen Kosmos der Inder spielt und dass es fest in den rituellen Jahreszyklus sowie in den Lebensrhythmus des Menschen eingebunden ist.

II. Bhangeri Baba

Als **Aushadhishvara** ist Shiva Herr der Rauschdrogen und Heilkräuter. Besonders Hanf und Stechapfel liebt er. Er ist der einzige Gott im ganzen Götterpantheon, der immer »high« ist. Schon die alten Schriften, wie das *Bhagavata Purana*, bezeugen das. Es wird erzählt, wie Shiva, um einen seiner Verehrer zu retten, »halb die weibliche Gestalt Parvatis annahm, sein ungepflegtes Haar aufband, seinen Körper mit Asche einrieb, große Mengen Hanf, Seidenpflanze und Stechapfel verzehrte, sich eine weiße Schlange als Brahmanenschnur, eine Elefantenhaut und ein Halsband aus Totenschädeln anlegte. So ritt er auf Nandi, seinem Stier, in Begleitung seiner Gespenster, Teufel, Schratten und halbtierischen Kreaturen, mit dem Mond auf der Stirn und blutroten Augen aus, um seinen Anbeter zu rächen.«[1] (Dass hier die Seidenpflanze auftaucht, beruht wahrscheinlich auf einer Verwechslung. Das altpersische Wort »**Haoma**« – verwandt mit dem vedischen **Soma** – wird heute von den Parsen als Bezeichnung für eine der ätzend giftigen, gummimilchhaltigen Seidenpflanzen (*Asclepiadaceae*) verwendet. Da diese Pflanze überhaupt keine psychedelischen Eigenschaften aufweist, kann man ohne weiteres annehmen, das ursprünglich der milchige Saft des Schlafmohns, also Opium, gemeint war.)

Seither hat sich Shivas Ruf nicht gebessert. In seiner Auslegung des tantristischen Textes *Vigyana Bhairava Tantra* erzählt Osho (Bhagwan Rajneesh) seinen Zuhörern: »Devis Vater war nicht gewillt, seine Tochter an diesen Hippie zu verheiraten. Shiva war der Urhippie. Devis Vater war total gegen ihn, und kein Vater der Welt hätte diese Ehe zugelassen, keiner! … Dann kam die ganze Hochzeitsprozession. Es heißt, dass alle rannten, um Shiva und seine Prozession zu sehen. Das gesamte Bharat (Indien) musste LSD genommen haben, Marihuana. Alle waren angetörnt. Und wirklich, LSD und Marihuana sind kleine Fische: Shiva mit seinen Freunden und Schülern waren im absoluten Psychedelikum: *Soma rasa*. Aldous Huxley hat den Inbegriff aller Drogen nur Shiva zu Ehren *Soma* genannt. Alle waren angetörnt, tanzten und schrien und lachten.«[2] (Das von Albert Hoffmann herauskristallisierte Alkaloid LSD war sicher nicht mit im Spiel, es sei denn in göttlicher Vorwegnahme – wohl aber jede andere natürliche Droge.)

In den Geschichten, die man sich in indischen Dörfern abends am Feuer erzählt, macht man sich gerne lustig über diesen Schalk, dessen Augen immer rot sind, weil er zuviel von dem sonderbaren Kraut raucht. Es wird gesagt, er sei faul, rasiere sich nicht, stinke wie ein Ziegenbock und habe keine Lust auf einen anständigen Lebenswandel. Es ist dermaßen süchtig, dass er sogar Parvatis Schmuckstücke verhökert, um sich Stoff zu kaufen.

Ganz unschuldig ist die Ehefrau daran auch wieder nicht. Als sie gerade verheiratet waren – so erzählt eine Geschichte –, wanderte Shiva gern allein durch Wälder und Berge und vernachlässigte seine junge Braut. Da braute ihm die kräuterkundige Frau ein Getränk aus den zerstampften Blättern der blühenden, weiblichen Hanfpflanze. Das nagelte ihn fest. Nachdem er einige Schlucke davon getrunken hatte, stellte er plötzlich fest, dass es keine schönere Frau als Parvati gäbe und keinen schöneren Ort als an ihrer Seite. Eine andere Fassung der Geschichte erzählt, dass Shiva dauernd Hunger hatte und etwas essen wollte. Da die Hausfrau mit den Kindern genug zu tun hatte, machte sie es sich leicht. Sie kochte ihm einfach Bhang (Hanfblätter), und seither ist er zwar verlottert, aber zufrieden. Eine weitere Geschichte erzählt, dass er zum »Trunkenbold« wurde, weil er sich den Fluch seines Schwiegervaters Daksha zu sehr zu Herzen genommen hatte. Trotz seiner schlechten Angewohnheiten liebt ihn Parvati über alles und nennt ihn zärtlich ihren »**Bhola**«, ihren Narren.

Shivas Anhänger, die Sadhus, die in **imitatio dei** wie ihr Herr aschebeschmiert, Ganja rauchend, zottelhaarig und schelmisch die Weiten Indiens durchwandern, nennen ihren Gott liebevoll »**Bhangeri Baba**« (»Der von Bang berauschte Vater«). Sie nehmen die Droge, um »abzuheben«, um den philosophischen Abstand zu wahren und als Meditationshilfe. Es hilft ihnen, sagen einige, beim *Brahmacharya*, der sexuellen Enthaltsamkeit, die so wichtig ist, um die Shaktikraft zu sammeln.

Der Wahnsinn Shivas und seiner Anhänger, das ständige Berauschtsein, kann aber auch anders gedeutet werden, und zwar als »Gottestrunkenheit« im biblischen Sinn. Shiva schenkt denen, die ihn lieben, den »heiligen Wahnsinn«. Er leert sie aus und füllt sie bis ins Knochenmark mit himmlischer Ambrosia, mit der Ekstase der Erlösung.[3] Ein solcher Seliger wird von allen, die noch in der Illusion des *Samsara*[4] befangen sind, die sich noch im Laufrades des alltäglichen Rattenkäfigs abstrampeln, als Wahnsinniger (*Pittar*) bezeichnet. Die Aussprüche dieser Pittar sind für den normalen, weltlichen Menschen ebenso rätselhaft wie die des Joint rauchenden, die Schamanentrommel schlagenden Kabarettisten Wolfgang Neuss, der einst die Bundesbürger mit dadaistischen Aussprüchen nervte, wie: »Der gesunde Menschenverstand ist reines Gift! « oder »Es genügt nicht, nur keine Gedanken zu haben, man muss auch unfähig sein, sie auszudrücken«[5]

Manikkavacakar, ein shivaitischer Heiliger aus Tamil Nadu (9. Jahrhundert n.u.Z.) singt:

> *Obwohl die Welt mich verhöhnt,*
> *Mich einen Teufel nennt,*
> *Schäme ich mich nicht!*
> *Das böse Geschwätz der Nachbarn*
> *Verwandelt mein Geist in Ehrenschmuck!*

Entzückt singt der »Verrückte« weiter:
> *Wir sind keine Knechte mehr!*
> *Was haben wir noch zu fürchten,*
> *Wir, seine Verehrer?*
> *Wieder und immer wieder tauchen wir*
> *In das Meer seiner Wonne ein.*

Der Rausch des *Shaiva* (Shiva anhänger) – besonders in der südindischen Prägung, die seit dem Mittelalter besteht – ist das totale »Verliebtsein« (*Bhakti*) in Shiva, den Liebhaber der Seelen. Der Mensch, der Gott liebt, sieht kein Problem darin, dass er seinen seelischen Höheflug durch Tanz, Gesang und Drogen bis zum äußersten steigert. Hat Shiva-Aushadhishvara den Menschen nicht deswegen Gesänge und Kräuter geschenkt? Helfen sie nicht, die zu

Gefängnismauern erstarrten Vorstellungen und Fixierungen zu sprengen? Manikkavacakar, dem Shiva in der Hafenstadt Perunturai als menschlicher Guru erschien und dem er sich bedingungslos unterwarf, singt:

> Der Vater, der Herr von Perunturai
> Erfüllte mich mit Verrücktheit (**Pittu**)
> Zerschnitt meine Wiedergeburt,
> Kam und machte meinen Geist unbeschreiblich berauscht
> Und nahm mich an, als seinen Sklaven.
> Er, meine Medizin,
> Schaute mich mit seiner unendlichen Gnade an
> Und kam als nimmerendende Wonne zu mir.

Dem Abendland ist diese Art von göttlicher Besessenheit nicht völlig fremd, aber doch eher suspekt. Schon das Alte Testament – einer der Eckpfeiler unseres Weltverständnisses – lehnt Rausch und Ekstase, die in den orgiastischen Festen der eher matriarchalischen kanaanäischen und babylonischen Nachbarn eine Rolle spielten, entschieden ab. »Im Rausch ist der Mensch außer sich, ohne in Gott zu sein.«[6] Im alten Griechenland scheint der **Logos**, (Rede, Vernunft), in Rom die **Ratio** (Errechnung, Rechenschaft, Erwägung, Vernunft) einen höheren Stellenwert gehabt zu haben als der Rausch – abgesehen von den Zirkusspielen, die als veräußerlichte Spektakel mehr der Herrschaftssicherung als der religiösen Erlösung dienten. Es hat zwar hin und wieder Schwärmer im Christentum gegeben, aber seit Paulus herrscht ein nüchterner Grundton vor. Er warnt die keltischen Galater: »Saufen, Fressen und dergleichen, von welchen ich habe

26

Euch zuvor gesagt und sage noch, dass, die solches tun, werden das Reich Gottes nicht erben.« (*Galaterbrief* 5,21) Die Hexenverfolgungen waren im Grunde genommen ein Feldzug gegen ein ekstatisches Bewusstsein, das ebenfalls mit bewusstseinsverändernden pflanzlichen Substanzen (Hexenschmiere) verbunden war. Mit dem Sieg der Aufklärung in der französischen Revolution wurde – entgegen jeder Vernunft – die Göttin der Vernunft (**Ratio**) in Paris als steinerne Statue auf den Sockel gestellt. Man versuchte, die Herrschaft des kühlen, objektivierenden Intellekts vollends zu etablieren. Der große deutsche Soziologe Max Weber spricht von einer »Entzauberung der Welt«, die damit stattfand. Der Alkohol ist zwar nötig, um ab und zu mal die eingekerkerte »Sau rauszulassen«, aber selbst da werden Kosten und Nutzen genau abgewogen, denn Selbstkontrolle ist Bürgerpflicht. Der Ernst des Lebens ist sprichwörtlich!

In Anbetracht der kulturhistorischen Entwicklung wird klar, dass Rauschdrogen – abgesehen von Alkohol, Tabak und Kaffee – eben nicht in unseren kulturellen Kosmos passen und diesen wahrscheinlich untergraben würden. In Indien dagegen sind sie kulturell integriert und den Entsagenden (*Sannyasins*), den Alten und heiligen Landstreichern (*Sadhus*) frei zugänglich. Das gilt vor allem für Hanf und Stechapfel.

Shivas Garten des Wahnsinns

Lenken wir unseren Forscherblick zunächst auf die Hanfpflanze (*Cannabis indica*). Als Heilmittel der ayurvedischen Medizin und als Textilpflanze spielte sie schon lange eine bedeutende Rolle in der indischen Kultur. Schon in den vor 2800 Jahren aufgezeichneten *Brahmanas* war die entheogene Pflanze als **Vijaya** (»Sieg«) bekannt. Auch **Indracarana**, »die Speise Indras«, ist eine der alten vedischen Namen. (Indra ist, wie Donar oder Zeus, der blitzkeiltragende Götterkönig.) Andere Bezeichnungen sind **Subjee** (»Gemüse«), **Unmatti** (Verrücktheit), **Siddhi** (»Zauberkraft« – so benannt in Bezug auf paranormale Fähigkeiten wie Gedankenlesen, Schweben, Unsichtbarwerden und dergleichen, die der normale, vernünftige Bürger des materialistischen Westens ins Reich der Fabel oder der Psychiatrie verbannt), **Harshiniweed** (das »Kraut des Gottes der Totenfeiern«), **Shivapriya** oder **Shankarpriya** (»Shivas Geliebte«), **Shivamuli** (»Wurzel Shivas«), **Angaj** (»Sahne des Körpers«) und so weiter.

Bekannter ist wohl die Bezeichnung **Charas**. Es handelt sich dabei um das mit Blütenstaub vermischte Harz der Pflanze, das als Haschisch von den Muselmännern in Wasserpfeifen geraucht und auch von der berüchtigten »Bande Française (Goa)« oder diversen »Befreiungsbewegungen« – etwa den, von westlichen Geheimdiensten finanzierten Sikh Khalistanis oder verschiedenen Mujaheddin – in den kriminalisierten Drogenuntergrund des Westens geschmuggelt wird.

Die Hindus bevorzugen ein einfaches Hanfpräparat, das sie **Bhang** nennen. Die Blätter und Blüten der zweihäusigen Pflanze werden frisch gepflückt und in süßer Milch gekocht oder auch mit einem Steinmörser zu einem Brei verrieben, mit Joghurt verrührt, mit schwarzem Pfeffer gewürzt, mit Rohrzucker gesüßt und dann mit Wasser gemischt getrunken. Der Brei kann auch durch ein Tuch gepresst, zwischen den Handflächen zu murmelgroßen Kugeln gerollt und dann gegessen werden. Bei Festlichkeiten, wie einer großen *Shivapuja* oder einer Hochzeit, werden ein bis drei solcher Bhang-Kugeln mit Wasser oder einem Glas gezuckertem Tee (*Chai*) eingenommen. Die Braut und der Bräutigam gelten während der mehrtägigen Hochzeitsfeierlichkeiten als Verkörperungen Shivas und Parvatis. Wie einst Shiva, so kommt der Bräutigam mit seinem singenden, scherzenden, tanzenden Gefolge, um die junge Frau abzuholen. Die Pflanze hilft allen Anwesenden, sich in die sakrale Wirklichkeit zu versetzen.

Bhang wird auch als Getränk mit Buttermilch bzw. verwässertem Jogurt (*Lassi*) oder in Fruchtsaft (*Sherbet*), als Süßspeise (*Mithai*) oder als erfrischendes Sommergetränk (*Thandai*) genossen. Thandai wird aus Milch, Rosenwasser, Zuckerrohrsaft, gemahlenen Nüssen, Wegwartesamen (*Kasni*) und Gewürzen gebraut, wobei die Zutaten im Mörser immer im glücksbringenden Uhrzeigersinn – also sonnenläufig – verrieben werden müssen. Diese Rührrichtung steht im Einklang mit der universalen kosmischen Ordnung, an das sich sogar die Sterne und die Sonne halten, und bringt somit Segen und Gedeihen. Die Regel wird auch in anderen Kulturen – etwa, beim Kreisen des germanischen Trinkhorns oder beim Weiterreichen der indianischen Friedenspfeife – befolgt. Das Rühren oder Mahlen in entgegengesetzter Richtung gilt als entkräftigend, destruktiv, Verderben bringend. Das Ritual zur Herstellung des Bhangs verlangt zudem, dass der göttliche Segen oder die Göttin *Vijaya*, Shivas Shakti, durch das Singen einer

Zauberformel (*Mantra*) in das sakrale Gebräu hineingerufen und willkommen geheißen wird. So wird das Getränk zum *Prashad*, zum göttlichen Geschenk.

Die richtige rituelle Zeit Bhang zu trinken ist nach Sonnenuntergang. Man hebt den Becher an die Stirn, wo sich das »dritte Auge« befindet, den Blick nach Westen gerichtet, und trinkt dann, eine Gebetsformel zu Ehren des Gurus sprechend, den heiligen Trunk. Die Seele kann nun der untergegangenen Sonne, auf ihrer Reise durch die verschiedenen Sphären der Götter, folgen. Besonders glücksverheißend ist es Bhang zu trinken, wenn die dünne Sichel des zunehmenden Mondes zu sehen ist. Es ist diese hauchdünne Mondsichel, die sich Shiva als filigranen Silberschmuck in seine verfilzten Locken gesteckt hat. Die gelehrten *Pandits* weisen schnell darauf hin, dass der Mond mit Messen und Denken zu tun hat, mit dem messbaren Wandel der Zeit und dem Spiel der Gedanken.[7] Die Mondsichel ist aber auch die Schale, die den kostbaren Trank der Unsterblichkeit (*Amrita*), das Soma, enthält, das wir aus der verwandten europäischen Mythologie als Met (Sanskrit *Madhu*) oder als Ambrosia kennen. Am Soma berauschten sich die Götter, Seher und Dichter und konnten so in die tiefen Mysterien des Lebens schauen. Shiva ist also Meister der dichterischen Inspiration, wie auch des nüchternen Denkens.

Da Bhang, im Gegensatz zu Ganja, als kühlend gilt, wird es vor allem in der in der heißen Jahreszeit, in den Monaten vor dem Monsun, über Shivas Linga gegossen. Man tut das während des *Pujas* – jenem morgendlichen und abendlichen Ritual, welches einen sakralen geistigen Raum schafft, so dass sich die Götter vor dem Auge der Seele manifestieren können. Auch sonst in Zeiten der Dürre wird Bhang dem Shiva Linga geopfert. Günstige Zeiten für Vijaya-*Abhisheka*, dem rituellen Gießen oder auch dem Trinken des Bhangs, sind die Montage (Shivas heiliger Tag in der Woche), die zwölf *Pradoshas* – die dunklen Neumondnächte, die »Nächte Shivas« (*Shivratri*), die auf den 14. Tag der indischen Doppelwochen fallen – und vor allem, die Große Nacht Shivas, (*Maha Shivratri*) am Neumondtag im Februar/März. In dieser Nacht nämlich feiern Shiva und Parvati, die Bergfrau, ihre Hochzeit. Deswegen gibt es keinen anderen Tag im Jahr, an dem man Mahadeva in besserer Stimmung antrifft. Unweigerlich erfährt man Shivas Gunst und die Erfüllung vieler Wünsche, wenn man in der Nacht wacht, fastet und immer wieder das Shiva-Linga mit Bhang, Milch, geronnener Butter und Honigwasser wäscht. In dieser Nacht läuten gegen halb vier Uhr morgens alle Tempelglocken, und die Massen geraten nun richtig in Fahrt. Riesige Mengen Bhang und Stechapfel (*Dhatura*) verwandeln die Feiernden in Fabeltiere, Geister und Götter. Die Zauberwelt Shivas – eine Welt wie sie nur ein Hieronymus Bosch malen könnte – erhebt sich und lässt die alltägliche Wirklichkeit schwinden. *Shiv Sena*-Krieger mit eisernen Dreizacken in der Hand mischen sich unter den jubelnden Hochzeitszug des Großen Gottes, der seine Braut abholt. Wunder aller Art sollen in dieser Nacht geschehen: Blinde sehen, Todkranke werden geheilt, Menschen schweben in der Luft oder fliegen über den Gangesstrom, Naturgeister und Gottheiten wandeln auf den Straßen.

Weitere Zeiten, an denen es angebracht ist das Shivas Linga mit Bhang zu waschen, sind die Tage der Sonnen oder Mondfinsternisse.

Wer Bhang trinkt ohne *Puja* (rituelle Verehrung) und ohne es Shiva zu weihen, der wird in diesem und im nächsten Dasein seines Lebens nicht mehr froh. Verwirrung und negative Vorstellungen werden seinen Geist betören. Aber nicht nur das Zubereiten und Trinken verlangt unterstützende Rituale, sondern auch der Anbau der heiligen Pflanze. Eine Geschichte erzählt, dass es Shiva selber war, der seiner Gefährtin Parvati die Anweisungen für den Anbau gab: Bei der Aussaat, beim Pflanzen, Pflegen, Gießen und schließlich beim Ernten soll man das Mantra »*Bhangi, Bhangi, Bhangi*« laut aussprechen und als *Japa*[8] ständig wiederholen. Das ist wichtig, damit sich ein guter Geist in dem Kraut manifestiere. Beim Ernten sollten einige Blätter getrocknet und die Götterstatuen damit beräuchert werden. Das Hanfkraut wird anschließend an einem heiligen Ort aufbewahrt, so etwa, wie man einst im süddeutschen Raum die Heilkräuter oder den Kräuterschnaps im »Herrgottswinkel« unter dem Kruzifix, in der Nordostecke der Stube, aufbewahrte. Bhang, aus einem derartig behandelten Hanf, hat magische Kräfte. Wenn es am frühen Morgen bei Sonnenaufgang über ein steinernes Linga gegossen wird, dann hat das den Wert von 1000 altvedischen Pferdeopfern (*Ashwamedha*) und kann Krankheiten und Seuchen vertreiben. Der Mensch, der es auf diese Weise dem Shiva-Linga opfert, trinkt meistens nicht davon, da die Flüssigkeit für den Gott vorbehalten ist. Es ist wie bei den Blumen, die man den Göttern opfert: man soll nicht an ihnen schnuppern, da der schöne Duft für sie bestimmt ist. Oft wird jedoch – je nach Kaste oder Sozialgruppe – beim *Puja*, bei der Gottesverehrung, Bhang getrunken.

Schon der Anblick von geweihtem Bhang bringt Segen. Wer von Nachtgeistern und Alpträumen geplagt wird braucht nur in den Bhang-Krug zu schauen, um Ruhe zu finden. Auch wird man gutes Gelingen haben, wenn man vor einer weiten Reise einen Blick in den Krug wirft.

Wenn Krieg ausbricht wird das Shiva-Linga des Haupttempels mit Bhang gewaschen, denn diese Flüssigkeit ist *Vijaya*, der Unüberwindbare. Shiva, als **Tripureshvara**, der Bezwinger der drei Dämonenburgen (*Tripura*), wird dann seinen kämpfenden Anhängern beistehen. Und sollte die Lage dennoch hoffnungslos sein, dann tranken die Rajputen, die nordindische Adels- und Kriegerkaste, Bhang, ehe sie sich selber opferten.

Im Fluss

Das Bhang-Getränk wird gerne mit den Gewässern des Gangesflusses verglichen. Das Wasser des Ganges ist für uns lediglich H_2O, für die Hindus aber ist es flüssiges *Shakti*, lebende göttliche Energie. Wie ein Springbrunnen sprudelt sie aus Shivas Haarknoten, als der universelle Strom des Lebens, als Fluss der Weisheit, als Flut unendlicher Seelenbilder, hervor. Dieser Fluss wird als die jungfräuliche Göttin *Ganga* personifiziert. Die Geschichte erzählt, dass die himmlische Maid keinesfalls bereit war, auf die Wonnen des Himmels zu verzichten. Nur die Macht der schweren Bußübungen des frommen *Bhagiratha* zwang sie herab. Er nahm die Askese auf sich, mit dem Wunsch, dass das himmlische Wasser die Asche seiner, in der Unterwelt gefangenen Ahnen benetze, damit sie endlich Erlösung erfahren. Die Götter, ja selbst Brahman, hatten jedoch Angst, dass die Erde den Aufprall des mächtigen Stromes nicht verkraften könne. Da erklärte sich Shiva bereit, den Wasserfall mit seinen Filzhaaren zu bremsen. Als Ganga sah, dass der wild aussehende Gott sie auffangen wollte, dachte sie bei sich, »Diesen dummen Shiva werde ich einfach wegspülen!« Mahadev, der ihr Ansinnen kannte, fing sie wie einen zappelnden Fisch im Netz seiner verfilzten Locken und hielt sie zehntausend Jahre lang gefangen. Dann endlich lockerte er ein Härchen und entließ die Göttin siebenteilig, als die sieben großen Flüsse der Erde, die nun die Welt mit ihrem lebensspendenden Wasser durchwirken. Seither wird Shiva auch *Gangadhara*, »Gangesträger« und der Fluss *Harashekhara*, »Shivas Krone« gennant.

Noch immer ist es so: Wer im Ganges badet, reinigt nicht nur den Leib, sondern auch die Seele. Bis in die tiefsten Unterwelten fließt der Strom, nimmt die Asche der Toten mit und trägt die Seelen der Verstorbenen wieder aufwärts in den Himmel. Als Milchstrasse durchquert er den Sternenhimmel. Dort oben, an seinem Ufer sitzen, in tiefster Andacht versunken, die sieben *Rishis*, die ersten Seher. Der Kreislauf schließt sich, wenn Ganga als Schnee und Regen herabfallend, die Lebenskeime wieder auf die Erde herabbringt. Mit Hilfe des Bhang-Getränks kann der sterbliche Mensch Einblick in das ewige Mysterium erlangen.

Deswegen sagt man in Bihar:

Ganga und Bhanga sind zwei Schwestern
Beide leben in Gangadhara
Ganga gibt dir Wissen
Und Bhanga zeigt dir den Weg zum Himmel.[9]

Jedes Chilam ein Scheiterhaufen

Als **Ganja** bezeichnet man eine bessere Qualität der Hanfblüten, die oft in Kekse und Süßigkeiten eingebacken oder die, vor allem von den Sadhus, in gebrannten Tontrichtern geraucht werden. Diese, im Rot des Leichenfeuers gekleideten oder splitternackt umher wandernden Heiligen, haben sich von allen sozialen Banden, von Familie, Kaste und festem Wohnsitz gelöst. Da sie nicht mehr der Welt der Sterblichen angehören, sondern nur noch Shiva, rauchen sie unbehelligt so viel wie sie wollen. Sie wandern von einem Pilgerort zum anderen und leben, als Zeugen der Taten der Götter, in der »Traumzeit«,. Das Chilam begleitet ihre Wanderungen durch diese **mythologischen** Welten. Sie rauchen meist zweimal am Tag, am Morgen, »wenn die Krähen krächzen«, nach dem obligatorischen Bad und der Bettelrunde, und am Abend. Dabei bevorzugen sie reines Ganja ohne Beimischung von Tabak und anderen Kräutern.

Das Chilam wird von ihnen oft als *Shiva-Linga*, als Shivas Zeugungsorgan, verehrt. Manche der Rauchtrichter, wie die aus schwarzem Ton gebrannten aus Manali, sind mit einer Kobra verziert, die als Zeichen der aufsteigenden Shaktikraft die Röhre umwindet. Andere sind mit verschiedenen shivaitischen Motiven und Runen versehen. Ganz einfache, ungebrannte, unverzierte Tontrichter gibt es auch.

Das Rauchritual ist keine private Angelegenheit, es erfolgt oft in geselliger Runde. Der Gottesmann sitzt mit seinen Anhängern oder anderen Sadhus im Schatten des Pipal-Baumes oder am Flussufer und plaudert ungezwungen über die Wunder des Universums. Wenn die Stimmung richtig ist und die »Schwingungen« ausgeglichen, greift er in seinen Beutel und zieht den Trichter heraus. Manchmal streichelt er ihn, spricht mit ihm, führt ihn an die Lippen und bläst einen hohen, anhaltenden Ton heraus. Damit lockt er, wie ein typischer Schamane, seine Hilfsgeister an oder lädt die Götter und Geister ein mitzufeiern.

Nun wird das Zauberkraut hineingestopft. Beim Anrauchen werden oft zwei Zündhölzer gleichzeitig entfacht – eins für Shiva, eins für Parvati. Das einschlagende Feuer ist der Blitz, der aus Shivas drittem Auge fährt, die Gestalt Kalis annimmt und die geschaffene Welt in Flammen stürzt. Die Glut im Tontrichter ist das Shakti-Feuer; es ist das Leichenfeuer des Manikarnika, der größten Verbrennungsstätte in Benares (Varanasi), des Lieblingsortes des tanzenden Shiva.

Ehe das Feuer einschlägt, knurrt der Sadhu vielleicht noch wie ein wildes Tier. Vor dem ersten Zug ruft er »*Bam, Bam*«, »*Bam, Bam, Bholanath*«[10] oder »*Bom Shankar*«[11] – etwa so wie wir beim Trinkgelage »Prosit« oder »Zum Wohl« rufen, um einen guten Geist in die Sache zu bringen. »Bam, Bam« ist eigentlich das Ziegengemecker, wie es dem Inder ins Ohr klingt. Es entspricht unserem »Meck, Meck«. Warum das? Es ist der arme ziegenköpfige **Daksha**, der Sohn Brahmas und Mitschöpfer der Welt, der so meckert. Es ist der alltägliche Verstand, der sich der höheren, göttlichen Vernunft gegenüber wie ein blöder, blökender Ziegenbock verhält. Seit Rudra-Shiva die Opferstätte Dakshas zerstörte und dem Oberpriester einen Ziegenschädel aufsetzte, betet dieser Shiva ununterbrochen mit seinem »Meck, Meck« an und erfährt dadurch Mahadevs Gnade.

Wie es dazu kam, erzählt folgende Geschichte:

Dakshas Opfer

Daksha entsprang dem geistigen Willen seines Vaters Brahma, nach einer anderen Fassung seinem rechten Daumen. Sein Name bedeutet »der Geschickte, der Kluge, der Rechtshändige« (verwandt mit lateinisch *dexter* = rechts). Zehntausend Jahre lang erhitzte er sich in strengster Askese und wurde daraufhin von seinem Vater als Oberhaupt der **Prajapatis**, der Patriarchen und Hervorbringer der Geschöpfe, eingesetzt. Da Brahmas Kopfgeburten sich nicht vermehren konnten, beauftragte er Daksha, die geschlechtliche Vermehrung zu erfinden. Als Opferpriester opferte Daksha die ursprüngliche androgyne, kosmische Einheit und teilte die daraus hervorgehenden Kreaturen – all die Götter, Titanen, Schlangenfürsten, Rinder, Vögel, die himmlischen Sänger und Tänzer usw. – in männliche und in weibliche Hälften. Diese Teilwesen hatten selbstverständlich ein unstillbares Ver-langen wieder zu einem Ganzen zu werden; so kam das sexuelle Verlangen in die Welt.

Als seine Söhne jedoch von dem dreiäugigen Gott Shiva hörten, verließ sie die Lust, sich zu vermehren. Sie wurden wandernde Entsager und verstreuten sich in den Weiten des Universums. Das erzürnte den Oberpriester Daksha gewaltig. Er erschuf noch weitere Geschöpfe, darunter sechzig hübsche Töchter, von denen zehn mit dem Dharma, siebenundzwanzig mit dem Mond (*Soma*) und der Rest mit verschiedenen Göttern vermählt wurden.

Die jüngste Tochter aber, die kluge, anmutige **Uma** (»Licht«), auch **Sati** (»tugendhafte Frau«) genannt, hatte sich heimlich und von ganzem Herzen in den dreiäugigen Shiva verliebt, denn sie war seine weibliche Hälfte. Als ihr vornehmer Vater davon erfuhr, wollte er absolut nichts davon hören. Hatte er nicht schon genug Ärger mit diesem Verrückten! Auf keinen Fall will er einen schmutzigen Bettler, einen wilden, ungekämmten, ungebildeten, Rauschgift rauchenden, mit Asche beschmierten und mit zischenden Schlangen behangenen Außenseiter zum Schwiegersohn!

Als Uma ins heiratsfähige Alter kam, wurde sie nicht etwa, wie es beim gemeinen Volk üblich ist, verkuppelt, sondern als Prinzessin stand ihr ein *Svayamvara* zu, das heißt, sie darf ihren Ehemann selbst auswählen. Alle Fürsten der drei Welten wurden eingeladen, um für ihre Hand anzuhalten. Der unstandesgemäße, unedle Shiva wurde selbstverständlich nicht benachrichtigt. Enttäuscht schaute sich Uma unter den vielen tausend Bewerbern um, von denen einer tugendhafter und schöner war als der andere. Sie konnte aber ihren Geliebten unter ihnen nicht ausmachen, um ihm als Ausdruck ihrer Wahl einen Blumenkranz um den Kopf zu legen. Mit einem Seufzer warf sie den Kranz einfach in die Luft. Da erschein Shiva auf wunderbare Weise und fing den Kranz auf. Der Vater war natürlich entsetzt, aber Brahma überredete ihn, die Vermählung dennoch zu segnen und die komplizierte Hochzeitszeremonie durchzuführen.

Wie es die arische Sitte verlangt, schenkte Daksha den beiden einen kräftigen, milchweißen Stier, auf dessen Rücken sie nach Norden, zum Wohnsitz des Bräutigams, ritten. Als sie sich dem Berg Kailash näherten, wurden sie vom Heulen der Wölfe, vom Fauchen der Gespenster, vom irren Gelächter und Gegröle der Waldteufel und Unholde enthusiastisch empfangen. Sie lebten in der Wildnis auf dem Berg ohne ein Dach über dem Kopf und verbrachten glückselige Tage in Rausch und ungeteilter Liebeswonne. Eines schönen Tages veranstaltete der gelehrte Daksha ein großes Opfer, ein *Yajna*, zu dem alle himmlischen Wesen, Rishis und Seher eingeladen werden. Alle anwesenden Götter und Göttinnen standen ehrerbietig von ihren Sitzen auf, als der stolze Prajapati Daksha den Opferkreis betrat. Nur Shiva erhob sich nicht, was den Oberpriester in seiner Ehre über alle Maßen kränkte. In Zukunft würde er diesen anstandslosen Flegel überhaupt nicht mehr einladen. Weder er noch seine eigene heruntergekommene Tochter, von der gesagt wurde, sie führe zuweilen grässliche Tänze auf Friedhöfen auf, sollten von nun an keinen Teil der Opfergaben erhalten. Dieser Beschluss stand fest!

Als das nächste Opferfest zelebriert wurde, erfuhr das geschmähte Paar erst davon, als bereits alle glitzernden Götterwagen auf dem Weg zum Opferplatz an ihrem Lager vorbei flogen. Uma war über ihren Vater erbost: »Wie kann er sich erlauben, dir, der du das Universum selber bist, deinen Anteil an den Opfern zu verweigern?«

Shiva versuchte die Überschäumende zu beruhigen: »Ach, was soll's? Diese Opfer bedeuten mir wenig. Diejenigen, die mir ihre Hymnen in ihrem Herzen singen und mir ihre Seelen als Opfergabe geben, befriedigen mich viel mehr als das verbrannte Fleisch und das Gemurmel der strengen Brahmanen, wie dein Vater einer ist!«

Die stolze Uma blieb untröstlich. Obwohl ihr Shiva davon abriet, rüstete sie sich mit ihrem Gefolge, um zum Pferdeopfer aufzubrechen. Eiskalt wurde sie dort empfangen. Sie verbeugte sich ehrfürchtig vor ihren Eltern und berührte ihre Füße, wie es sich gehört, wurde aber nicht zurückgegrüßt. In Anwesenheit der anderen Götter fragte sie, warum man sie und ihren Mann nicht eingeladen habe. Das war zuviel für ihren Vater. Er brach sein Schweigen und fluchte: »Dieser abscheuliche Aschemann! Dieser Fürst des Hässlichen! Nicht *Shiva*, »der Wohlwollende«, sondern *Ashiva*, »der, der Böses will«, ist er in Wirklichkeit! Verbannt sei dieser Teufel ein für allemal von den Opfern der Rechtschaffenen!«

In ihrem Zorn über diesen Fluch erhitzte sich Uma so sehr, dass sie auf der Stelle verglühte und ihren Geist aushauchte. Andere Quellen berichten, sie habe sich in das Opferfeuer gestürzt und sei lebendigen Leibes verbrannt. So wurde sie die erste *Sati*. (Der Brauch, der von orthodoxen Hindu-Witwen verlangte, sich auf dem Scheiterhaufen ihres toten Ehemannes mitzuverbrennen, heißt ebenfalls *Sati*. Er wurde im 19. Jahrhundert durch britische Kolonialgesetze verboten.)

Umas erschrockene Begleiter, die Sadhus und der Stier Nandi, auf dem sie angeritten war, wurden kurzerhand von den Priestern vertrieben, und die große Opferzeremonie wurde weitergeführt.

Als Shiva von dem Ereignis erfuhr, kannte sein Zorn keine Grenzen. Er sprang auf, riss sich mit der Faust ein Büschel Haare vom Haupt, schlug damit auf den Boden, so dass es dröhnte und die Haare zerborsten, wobei zwei schreckliche Gestalten aufsprangen. Vor ihm erschien, glühend und unheilvoll, die tausendköpfige, tau-sendarmige, mit Waffen und Reißzähnen versehene, bluttropfende, pechschwarze, bis zum Himmel lodernde Horrorgestalt **Virabhadras**, der sichtbar verkörperte Zorn. Neben ihm stand die schwarze, blutlüsterne, nur mit Schädeln und abgerissenen Gliedern bekleidete, auf einem mordlüsterenen Tiger reitende **Bhadrakali**, die Rachegöttin. Mit einem »Dein Wille ist unser Befehl!« verbeugten sich die Schreckensdämonen vor ihrem Herrn. »Zerstört das Opfer der Brahmanen! « hieß der Befehl.

Inzwischen häuften sich die ungünstigen Zeichen am Opferplatz. Beim Aufsagen der heiligen Mantras heulten die Schakale. Daksha spürte ein heftiges Seitenstechen in der linken Körperhälfte. Unheilsschwangere, schwarze Wolken, aus denen Blitze wie Dreizacke zuckten, verdunkelten den Himmel.

Plötzlich brach der wilde Sturm herein. Die heulenden Rudras, mit Virabhadra und Bhadrakali an der Spitze, stürmten die heilige Opferrunde. Nun ergriffen die Götter ihre Waffen und schwangen sich auf ihre Reittiere, um den Angriff der trampelnden Horden abzuwehren. Der weise Rishi **Bhrigu** goss den Opfertrank in die Lohe und beschwor mit mächtigen Mantras ein schreckliches

Kriegerheer, das sich tapfer auf die angreifenden Rudras stürzte. Es half aber alles nichts! Indra wurde verwundet, Vishnu bewusstlos geschlagen. Um der Wut zu entgehen, flohen die Götter zum Berg Kailash, um sich Shiva zu Füßen zu werfen und um Gnade zu flehen.

Inzwischen tobten sich die Rudras auf dem Opfergelände aus und verwüsteten es. Zelte brannten lichterloh. Die Opferpfosten flogen mitsamt Priestern, Sängern und Opferpferden im hohen Bogen in den Ganges. Dem alten arischen Glücksgott **Bhaga** wurden die Augen ausgestoßen. (Seither wird Shiva **Bhaganetraghna** »Zerstörer von Bhagas Augen« genannt.) Dem Beschützer der Kühe, **Pushan**, trat das Monstrum Virabhadra mit dem Fuß sämtliche Zähne in die Kehle – seitdem kann er nur noch Brei und Bananen essen. **Chandra**, der vedische Mondgott, erhielt solch schwere Schläge ins Gesicht, dass man die Prellungen als dunkle Flecken noch immer sehen kann. Das heilige Feuer wurde entweiht, und zum Schluss schlug Virabhadra dem Oberpriester und Schöpfer Daksha den Kopf ab.

Eine weitere Fassung dieser Geschichte erzählt, wie der wutentbrannte Shiva als heulender Sturmgott selbst eingriff. Als Jäger trat er aus dem Sternbild Orion (der in griechischer Sage ebenfalls Jäger ist) hervor und jagte das vedische Opfer als flüchtiges Reh durch die Himmel, bis es seinen Pfeilen erlag. Ein Tropfen Schweiß fiel dabei als Feuerball von seinen Brauen auf die Erde und verwandelte sich in einen hässlichen, geduckten, schwarzen Kobold mit rot unterlaufenen Augen und gesträubten Haaren, wie die eines tollwütigen Hundes. Er hatte Monsterzähne und trug die rote Kleidung eines zum Tode Verurteilten. Sein Name war **Jvara** (Fieber).

Nachdem sich die Lage etwas beruhigt hatte, bat Brahma, Shiva möge doch etwas gegen das Fieber tun, denn kein Geschöpf der Erde könne es überleben. Da zerteilte Shiva das Urfieber und verteilte es gleichmäßig. Es wurde zu den Kopfschmerzen der Elefanten, den Lavaflüssen der Vulkane, dem grünen Schleim im stehenden Gewässer, der Trägheit der Schlangen, den unfruchtbaren versalzenen Stellen auf den Äckern, der Blindheit der Kühe, der Verstopfung der Pferde, der Augenkrankheit der Kuckucke, dem Schluckauf der Papageien, den Leberkrankheiten der Schafe und natürlich zu all dem, was die Menschen Fieber nennen. So wurde das schreckliche Fieber erträglicher. Einem Brahmanen aus *Kashi* – das ist die »leuchtende Stadt« Varanasi – gab Shiva-**Jvarsehvar** (»Herr des Fiebers«) den guten Rat, bei fiebrigen Erkrankungen und Epidemien, die Bhang über das Shiva **Linga** im Tempel zu gießen, denn Mahadevas Phallus, der immer heiß ist, bedarf der ständigen Kühlung. Wenn es abgekühlt ist, wird auch die Seuche schwinden.

Inzwischen lagen die Götter Shiva zu Füßen und lobpreisten ihn mit gefalteten Händen als **Mahadev**, als »Gott der Götter«. Mahadev gab sich zufrieden: Er verließ seine zornige Rudra-Gestalt und wurde zum friedlichen Shankar. Nun baten ihn die Götter, ihren Primus, Daksha, wieder zum Leben zu erwecken. Auch dazu war Shiva bereit. »Bringt mir Dakshas Kopf und ich werde ihn mit Mantras besingen und wieder auf den Rumpf setzen!« Leider aber war der Kopf verschwunden war – entweder verbrannt oder von einem der hungrigen Dämonen gefressen. Da nahm Shiva den Kopf eines Ziegenbocks und pfropfte ihn auf die Schultern des Schöpfers. Von nun an wird der gelehrte Prajapati mit einem Ziegenkopf abgebildet und gibt, wie es Ziegen zu tun pflegen, immer die Laute »Bom, Bom« von sich.

Wieder lebendig geworden, betete Daksha nun Shiva an. Er hatte die Illusion des Größenwahns, die seinen Geist benebelte, endlich durchschaut. Nun belehrte Brahma, wie wir aus den *Sanskrit Puranas* wissen, seinen ziegenköpfigen Sohn: »Der Gnädige, dessen Flagge der weiße Stier ziert, hat dich von deinem Wahn befreit! Er ist derjenige, der in den Herzen aller Geschöpfe weilt. Er ist es, den die Sänger der Veden, die ganz im Brahman eingegangen sind, immer vor Augen hatten. Er ist das Selbst, der Same, das Ziel. Er ist es, den alle Mantras ansprechen. Wahrlich, diejenigen, die da glauben, dass Vishnu, der Schoß des Universums, ein anderer ist als Mahadev, irren und verstehen die Veden nicht.«

Nun, zurück zu den Sadhus, die unter dem Pipalbaum ihr Chilam rauchen: Der qualmende Trichter kreist durch die Runde von rechts nach links in glückverheißender, sonnenläufiger Richtung. Der jeweils Nächste nimmt ihn entgegen, drückt ihn mit beiden Händen gegen die Stirn, wobei er den Blick auf sein »drittes Auge«, auf das Stirnchakra, richtet und laut »Bam Shankar« oder »Bom Shiva« ausruft. Dabei darf ihn absolut nichts ablenken, er soll sich völlig konzentrieren. Es ist kein bloßer, sterblicher Mensch, sondern es ist Shankar selber, der sich dem Shiva, dem Chilam weiht. Nun nimmt er einen langen, tiefen Zug. Hier wird nicht der Rauch eines brennenden Krauts eingeatmet, sondern *Prana*, die himmlische Lebensluft. (Der neugierige Rucksacktourist, der nicht zentriert ist, fängt unweigerlich an zu husten, was nicht als sonderlich gutes Omen gilt. Wer nicht völlig gesammelt ist – vielleicht weil er ein schlechtes Gewissen oder anderes ungeläutertes Karma mit sich herumträgt –, dessen Geistesschau ist verwirrt und verzerrt. Shiva wird ihm als unberechenbarer Rudra oder gar als schrecklicher, paranoider **Bhairava** durch die Seele funken.)

Völlig in sich gesammelt zieht der Sadhu das Prana tief in sein Wesen hinein, bis er ganz davon erfüllt ist, hält den Atem an und lässt den Rauch gemächlich, im ruhigen Strom wieder in die Außenwelt fahren. Für den Geübten genügen ein oder zwei Züge, um »anzukommen«. Nun ist er selber Shiva geworden. »*Shivoham*«, (»Ich bin Shiva«), ist keine bloße Formel mehr. Er ist **Narayana**, Gott in menschlicher Gestalt.[12] Der Atem, der aus ihm herausströmt, wird zum Lebensatem der Schöpfung. Er schaut seine Welt an und liebt sie. Sie ist seine tanzende Shakti. Er hat ihre Täuschungen durchschaut und haftet nicht mehr daran. Nichts braucht mehr gesagt zu werden, nichts gedacht und nichts getan. Alles, was er wahrnimmt, ist gesegnet und der Vergänglichkeit entrissen. Nun kommen die Menschen, die Dörfler, jung und alt, zu ihm. Voller Achtung und Vertrauen legen sie ihm ihre Sorgen und Hoffnungen zu Füßen. Da er Shiva ist und sie sich ihm in gläubigem Vertrauen genaht haben, wird er ihre Wünsche auf wunderbare, unerahnte Weise erfüllen.

Heilige Asche

Das Rauchen ist eine Entwerdung, eine Auflösung, ein Todesvorgang. In diesem kleinen, kreisenden Scheiterhaufen verbrennen die Hüllen der Täuschung, die uns umwinden, zu Asche. Die faulenden Leichen unserer Vergehen, die Kadaver des alten Karmas schmoren darin und werden zu schneeweißer Asche verwandelt. Beim Rauchen löst sich die zu kalter Starre geronnene, illusionäre Schöpfung Dakshas wieder auf, sie kommt in den schwebenden Zustand des noch nicht Gewordenen. Der Riegel zum Tor des »Übersinnlichen« zerschellt; die dämonische Schar Shivas – die ätherischen Bilder der Naturgewalten und Seelengestalten – tanzen vor den Augen des Geweihten. Die Toten erscheinen und die Götter! In einem noch tieferen Samadhi hören dann alle Erscheinungen, jeder Schein auf, und es ist einfach! In absoluter Versunkenheit sitzt Shiva auf dem Heilsberg Kailash, dem Schneeberg, dem Ascheberg.

Aber wie die frischen, klaren Bäche aus dem Eis der Gebirgsgletscher, so fängt Ganga an, aus seinen Locken zu fließen. Zuerst als Rinnsal, dann als breiter Strom, fließt sie zur Erde hinab, bis in die Unterwelten. Ihre belebende Berührung lässt die Toten geläutert auferstehen. Auch Kama, die Begierde nach Dasein, die Lust am **Lila**, am Maskenspiel des Lebens, wird wiedergeboren. So steigt der Sadhu wieder in die Welt hinein. Nachdem das Chilam vollständig zu Ende geraucht und die Meditation verflossen ist, nimmt er die Asche und reibt sie sich auf die Stirn, oder er nimmt sie als *Prashad* auf die Zunge, denn das heilige, weiße Pulver gilt als die beste Medizin:

Die heilige Asche, die das Leben zurückschenkt,
die heilige Asche, die uns Erlösung bringt,
was fürchtet der,
dessen Stirn mit weißer Asche geschmückt ist?
(Tirujnanasambandar)

Manche Zauberer klopfen das fertig gerauchte Chilam in eine polierte Kokosnussschale oder ein Stückchen Schädel aus und deuten Form und Farbe der Asche. Flocken und Aschekügelchen, die wie winzige *Rudraksha*-Perlen[13] aussehen, rollen in die Schale. Wie bei den Teeblättern in der Tasse des Wahrsagers wird aus der Beschaffenheit der Muster und Gebilde das Orakel gelesen. Zwerge, Trolle, *Rakshasaköpfe*[14] und ganze übernatürliche Landschaften erscheinen, verlebendigen sich und zerfallen wieder zu grauem Staub. Die reine, weiße Asche wird als verbrauchtes Karma gedeutet, aber die schwarzen, unvollständig verbrannten Teilchen verraten die noch unerlösten Schick-salskeime, die zur Verkörperung drängen, ehe sie ebenfalls die Erlösung erlangen werden.

Den Abschluss des Rituals bildet die sorgfältige Säuberung der Pfeife. Das ist für den Hindu genauso wichtig wie das Reinigen des menschlichen Leibes nach dem Essen, dem Ausscheiden, dem Schlafen und dem Geschlechtsakt. Der Besitzer des Chilams zieht einen langen Stoffstreifen durch das Pfeifenrohr. Sein Nachbar hält das eine Ende davon in Nabelhöhe. Durch rhythmisches Hin- und Herziehen des Streifens wird der Trichter blank gescheuert. Auch bei diesem Teil der rituellen Handlung wird kaum gesprochen. Das gleichmäßige Pumpen steigert die Trance der Teilnehmer. Andere Sadhus begnügen sich mit weniger Aufwand; sie rupfen einfach eine Handvoll Gras und reiben damit die Röhre aus. Schließlich werden das Chilam, der Stoffstreifen, die Kokosnussschale und der aus einem Kiesel bestehende Stöpsel, der verhindert, dass beim Rauchen das Kraut am unteren Ende aus der Pfeife fällt, sorgfältig in einen Beutel gelegt. Die Heiligkeit des Chilams und des Beutels steht der der Medizinpfeife und des Medizinbeu-tels der amerikanischen Indianer in keiner Weise nach.

Was Asche in der shivaitischen Mythologie bedeutet, kommt in den folgenden Zitaten aus dem *Brahmanda Purana* zum Ausdruck: Eines Tages erschien Shiva in einem Tannenwald, wo fromme Einsiedler sich strengen Buß-übungen hingaben. Er erschien in seiner nackten Herrlich-keit. Sein Glied war steif, er tanzte und machte Scherze in der Hoffnung, die strengen, humorlosen Moralisten zum Lachen zu bringen.

Sein Verhalten aber lenkte die Begierden der unbefrie-digten Frauen der Einsiedler auf sich, sodass sich die Meditation der frommen Männer in Eifersucht und Hass verwandelte. Sie verfluchten Shivas Glied (*Linga*) und ver-stießen ihre vermeintlich untreuen Frauen. Dann vertieften sie ihre erbarmungslose Askese. Die Selbstquälerei aber half nichts; da sie das wahre Selbst nicht erkannt hatten, fie-len sie immer weiter vom rechten Weg ab, wurden ver-wirrt und unglücklich. Ihr Vater Brahma riet ihnen, das Linga anzubeten und mit kühlem Bhang zu begießen. Sie badeten und rieben Asche auf ihre Haut, bis sie bleich wie Geister aussahen. Nun erschien Shiva und erklärte ihnen:

»Ich bin **Agni** (Feuer), und **Devi** (Shivas weibliche Seite) ist **Soma** (Wasser). Asche ist mein Samen, den ich auf meiner Haut trage. Ich bin Agni, der Erzeuger Somas, und ich bin Soma, der in Agni geboren ist! Wenn das All durch mein Feuer zu Asche verbrannt ist, ist die Asche mein Samen, mit dem ich alle Wesen besprenge.«[15]

Er erklärte den reuevollen Rishis weiter: »Die vollkommene Läuterung des Alls wird durch Asche bewirkt. Mein Same ist in der Asche, und ich bestäube die Schöpfung damit. Wer durch das Feuer gegangen ist, wird die drei Zeiten meistern. Durch meinen Samen, durch Asche, wird man von allen Sünden befreit. Wenn die duftende, hell leuchtende Asche alles bedeckt, dann bleibt von allen Übeln nur noch Asche übrig.«

»Deswegen, Erhabene, … ist es meine Gewohnheit, diesen meinen Samen auf meiner Haut zu tragen. Fortan wird Asche gegen unheilvolle Menschen Schutz geben und Schutz in den Häusern, in denen Frauen gebären. Und wer seine Seele geläutert hat, indem er in Asche gebadet, seinen Groll überwunden und seine Sinne beherrscht hat, der wird in meine Gegenwart kommen und nie wieder geboren werden müssen.«

Seither bemalen sich die Anhänger Shivas ebenfalls mit heiliger Asche (*Vibhuti, Bhasma*). Nicht nur auf die Stirn, sondern auch auf die Oberarme, Unterarme und die Kehle werden drei Aschestreifen gezeichnet. Auch Steinlingas werden damit bemalt. Die Markierungen sollen den Gläubigen daran erinnern, mit dem Kraftzentrum des dritten Auges die Illusion zu verbrennen, dass das Selbst und das absolute Brahman voneinander getrennt sind. Wenn die drei Dämonenburgen in der Seele zu Asche geworden sind, dann weiß man, dass das Selbst Shiva ist.

Die verwendete Asche kann vom Opferfeuer oder von einer Leichenverbrennungsstätte stammen. Die Asche von *Manikarnika*, dem Verbrennungsort in Benares, der als Shivas Feuerauge und als sein Lieblingstanzplatz gilt, ist besonders wirksam. Auch die Asche aus einem Chilam, das als Miniatur-Manikarnika die Geister des Wahns verbrennt, kann dazu benutzt werden. Es ist beides essentiell dasselbe.

Im Schatten der Nacht

Neben dem Hanf spielt noch eine andere Pflanze eine grosse Rolle im Shiva-Kult. Es ist der Stechapfel, eine der giftigsten Pflanzen, die es überhaupt gibt. Die Inder nennen sie **Shiva Shekhara** (Shivas Krone) oder **Dhatura** (von Sanskrit *dhat* = Gabe, Gift, wonach Linnaeus sie *Datura metel* nannte). Winzige Mengen ihres Krauts oder Samens genügen, um den Mann in einen geilen Bock oder die Frau in eine Nymphomanin zu verwandeln. Vor allem aber verwirrt der Stechapfel die Sinne und bringt das autonome Nervensystem durcheinander. Für Shiva, dem Herrn der Gifte, dem Trinker des *Halahala*, dem Gift der Welt, dem »Besieger des Todes« (**Mrityumjaya**) ist das jedoch alles kein Problem, ebenso wenig wie für seinen thrakischen Gegenpart, den Rauschgott Dionysos, der seine Locken ebenfalls mit den betörend duftenden Trichterblüten schmückt.

An Festen verzehren Shivas Anbeter Stechapfelblätter zusammen mit Bhang, um mit der Schar entfesselter Elementargeister und Naturteufel in saturnaler Ausgelassenheit ihren Herren zu feiern. Wer einmal ein Fest wie Shivaratri, »Shivas Nacht«, in Shivas Stadt am Ganges miterlebt hat, muss unweigerlich an den berauschten Schwarm der Satyren, Nymphen, verzückten Mänaden, an den haarigen, bocksfüßigen Pan und anderes bizarres Gefolge des Dionysos denken, bei dessen Festen ebenfalls der Stechapfel zur Verstärkung des Weins benutzt worden war. Nach einer griechischen Legende soll Dionysos mit seiner Mutter von Kleinasien aus auf einem weißen Stier nach Indien gewandert sein. Einige Kulturhistoriker vermuten darin eine kulturgeschichtliche Beziehung zu Shiva und Kali. Andere vermuten wiederum, dass das Zauberkraut mit den Zigeunern, diesen heimlichen Verehrern Mahadevs, nach Europa gekommen ist. »Alle Künste der Zigeuner sollen vorzüglich in der genauen Kenntnis der Säfte des Stechapfels bestehen.«[16]

Mit dem Stechapfel ist nicht zu spaßen. Er enthemmt und lässt alles, was in den tiefsten Winkeln der Seele verborgen ist, nach oben steigen. Die Überdosierung ist tödlich. Etliche experimentierfreudige Hippies haben nach seinem Genuss ein tragisches Ende genommen. Die einheimischen Zauberer gehen mit dieser Pflanze äußerst respektvoll um. Der nepalesische Schamane (**Jhankrie**) wagt nur im Rahmen eines ausgiebigen Rituals, sich ihr zu nähern. Nachdem er Enthaltsamkeit geübt und gefastet hat, macht er sich am Abend auf, um die Pflanze zu suchen. Er darf nur ungenähte Gewänder tragen oder überhaupt keine. Er opfert ihr Reis und zündet ein Butterlämpchen an. Die ganze Nacht singt und betet er zu Shiva, der sich in der

Pflanze manifestiert. Erst in der Morgendämmerung werden die Blätter gepflückt und dann dem Patienten gegeben.

Im Tantra erscheint im Stechapfel und im Hanf das Götterpaar (Shiva-Parvati) in pflanzlicher Gestalt. Der Stechapfel ist der wilde Rudra, und Ganja ist die milde Devi.

III. Geschichten

In den Augen derjenigen, die ihn lieben, ist Shiva (Sanskrit, »der Gütige«, »der Freundliche«) nicht nur einer der vielen Götter. Er ist der Gott der Götter, der Urgrund allen Seins, die letzte und einzige Wirklichkeit. Die Welt und alle ihre Geschöpfe entspringen seiner ekstatischen Meditation – oder wie viele Sadhus behaupten, seinem Hanfrausch. Die unendliche, sich immer wandelnde Vielfalt der Schöpfung ist seine *Shakti*, seine unerschöpfliche weibliche Schöpferkraft. Sie ist schön. So sehr liebt er sie, so sehr betört und fasziniert sie ihn, dass er sich vollständig in sie hinein ergießt. Auf diese Weise lebt Shiva in allen Wesen. Als Stein ruht er in tiefer Stille – und schaut ihrem Tanz als Steinmädchen zu. Als Mücke, als Fisch, als Vogel, als Stern, als Galaxie tanzt er selber den Tanz des Seins und schlägt seine Trommel (*Damaru*) dazu.[1] Als Raubtier streift er durch die Wälder. Als Kraut, Baum und grüner Halm, badet er im Sonnenlicht und genießt die Welt. Als Mann und Frau in Liebeswonne, als Schamane im Geistesflug, als ich und als du – überall ist er. Es gibt nur ihn und deswegen ist alles heilig, alles verehrens- und liebeswert. Alles ist »*shiva*«.

Wie ein Kind, das sich in seinem Spiel verliert, verliert sich Shiva in seiner *Lila* (Sanskrit »Vergnügen«, »göttliches Spiel«), in seiner tanzenden Shakti. So kommt es, dass viele Geschöpfe – insbesondere jene, die in menschlicher Gestalt auf Erden leben – ihr wahres Selbst, ihr Shiva-Wesen, vergessen. Ihr Spiel wird ernst, todernst. Gefangen sind sie in Illusion und Wahn (*Maya*). Wie der Hamster im Hamsterrad hetzen sie und erschöpfen sich im immer schneller drehenden Kreislauf (*Samsara*). Doch dann, wenn alles ausweglos und hoffnungslos erscheint, kommt Shiva, ihr eigentliches Selbst, daher, befreit sie von dem Wahn und lässt sie wieder eintauchen in die universale Wonne. Oft kommt er in der Form von Ganja daher. Dieses, sein Lieblingskraut, kann das Rad bremsen, ja sogar zum Stillstand bringen, sodass der geplagte Mensch aus dem Hamsterrad aussteigen kann. Der berühmte englische Schriftsteller und Indienkenner Aldous Huxley bezeichnete deswegen das Hanfkraut als *Moksha*-Medizin (Erlösungs-Medizin).

Staubbedeckt, von Schlangen umwunden sitzt Shankar-Shiva in tiefster Versunkenheit auf dem Schneegipfel des Kailash und meditiert das Universum. Das Universum in seiner Unergründlichkeit ist seine Meditation. Hört er mit der Meditation auf, dann löst sich das Universum auf, dann ist *Pralaya*. Irgendwann, jedoch wird er ein neues Universum erträumen. Dennoch ist Shiva kein ferner, entrückter Gott, wie etwa der theistische Schöpfer, den die westliche Aufklärung konzipierte. Er ist nicht der große Uhrmacher, der eine perfekte Weltenuhr macht, und sich dann zurückzieht. Da er alle Geschöpfe seiner Meditation liebt, verbindet er sich mit ihnen, schlüpft in sie hinein, wie das Linga ins *Yoni*[2], wie das Glied in die Scheide. So ist er zugleich auch immanent, innewohnend, er ist die Schöpfung selber, er ist *Purusha*, der ewige Zeuge, und zugleich *Prakriti*, die ständig wandelnde Natur. Shiva ist beides in einem, ist *Ardhanarishvara* (»der Gott der gleichzeitig männlich und weiblich ist«).

Shiva träumt die Welt und verbindet sich mit den

Gestalten seiner Träume. Am liebsten träumt er sich in Gestalten, die im Abenteuer des Hier und Jetzt in Freiheit leben und die sich nicht von starren Konventionen (Dakshas Welt) einengen lassen. In irren, gottestrunkenen, oft verwahrlosten, wilden Seelen findet er sich gerne wieder. Was soll man als Gott sonst tun? Auf Wolken sitzen und fromme Harfenlieder hören? Das geht eventuell auch, aber als freier Sadhu die Erde zu bewandern oder als Narr, als chronischer *Ganja-Wallah*, an dem Bewusstsein derjenigen zu rütteln, die ihr wahres Wesen aus den Augen verloren haben, macht ihn mehr Spaß.

Annapurna

Wie viele seiner Getreuen lebte Shiva auf Erden am Rande der Gesellschaft. Mit Parvati und den zwei Kindern, dem dicken, elefantenköpfigen Baby Ganesha und dem strammen kleinen Skanda, hauste er am Dorfrand in einer notdürftigen Hütte. Anstatt zu arbeiten oder sich sonst nützlich zu machen, streifte er tagsüber durch den Wald. Oft setzte sich stundenlang unter einem Baum oder ans Flussufer und gab sich seinen Träumereien hin. Seine arme Familie fütterte er durch, indem er jeden Morgen seine Bettelrunden drehte. Manchmal aber, wenn er zuviel Bhang getrunken hatte, brachte er nicht einmal das zustande. Die wenigen Reiskörner, die kümmerlichen Reste, die vom Vortag übriggeblieben waren, hatten Ganeshas Ratte oder Karttikeyas Pfau aufgefressen. Parvati und die Kinder mussten hungern.

Eines Tages kam **Narada**, der schelmische Götterbote, an der Hütte vorbei. Er neckte Parvati und schüttelte den

Kopf: »Ja, ja, dein Alter ist ein **Bhola**, ein einfältiger Narr, der nur macht was er will. Er haut sich den Kopf voll, während seine Frau und Kinder hungern!«

Da raffte sich die in ihrem Stolz getroffene Parvati auf, nahm Baby Ganesh auf den Arm und Karttikeya an die Hand, und machte die Bettelrunde selbst. Als Shiva nach einigen Stunden wieder nüchterner war, wollte er das Versäumte nachholen, aber man knallte ihm jedes Mal die Tür vor der Nase zu. Niemand gab ihm etwas. Parvati war nämlich überall schon vor ihm gewesen. Enttäuscht und traurig kam er mit der leeren Schale nach Hause und erwartete die übliche Schelte. Parvati empfing ihn jedoch freundlich an der Tür mit einer vollen Schüssel Reis und fütterte ihn. Seither kennt man die Erscheinung der Göttin als **Annapurna** (»die reich an Nahrung ist«). Shiva war so glücklich, dass er sie heftig an sich drückte, wobei ihre beiden Gestalten zu der halb männlichen und halb weiblichen Gestalt des **Ardhanarishvara** zusammenschmolzen. Eine andere Version dieser Geschichte erzählt, dass Shiva im Ganjarausch anfing Parvati zu belehren: »Die Welt ist Illusion. Die Materie ist eine Fata Morgana, sie erscheint in einem Moment und verschwindet wieder. Sogar Nahrung ist *Maya*.«

Parvati, die eigentlich die Mutter aller materiellen Dinge, auch der Nahrung ist, verlor ihre Geduld. »Nun gut, wenn alles Illusion ist, brauchst du mich nicht mehr«, sagte sie und verschwand. Mit ihr verschwanden die Jahreszeiten, die Erde trocknete aus. In allen drei Welten, im Himmel, auf Erden und in der Unterwelt, gab es nichts mehr zu essen. Götter, Dämonen, Menschen und Tiere heulten wie Kinder, die ihre Mutter verloren hatten. »Was soll Erleuchtung, wenn der Magen leer ist?« fragten sich selbst die weisen Rishis.

Parvati, die Mutter des Universums, hatte Mitleid und eröffnete eine Küche in Kashi (Benares). Als die hungernden Geschöpfe das hörten, gab es eine Massenwanderung zu der heiligen Stadt am Ganges. Auch Shiva hörte, dass Parvati in Kashi eine Küche zum Füttern der Hungrigen aufgemacht hatte. Von Hunger und Einsamkeit geplagt, machte sich auf den Weg und stellte sich mit seiner Bettelschale – diese bestand aus der Schädeldecke Brahmas – geduldig in die lange Schlange. Als er Parvati sah, sagte er, »Nun ja, die materielle Welt ist ebenso wenig eine Illusion, wie die Geistige Welt!« Parvati lächelte und ehe er weiter reden konnte, schob sie ihm einen mit Reis gehäuften Löffel in den Mund. Seither gibt es in Benares, der Stadt der Bettler, einen berühmten Annapurnatempel. Wer die hellhäutige Göttin, dargestellt mit Reisschale und Löffel, anbetet, wird wie Shiva niemals hungrig gehen müssen. Weil sie dort anwesend ist, heißt es, sei noch niemand in Benares verhungert.[3]

Bholanath

Shiva ist, wie sein Name andeutet, friedlich, freundlich, unkompliziert und einfach. Er bedarf keiner großen Zeremonien, keiner aufwendigen Rituale oder Opfer. Oft genügt es nur seinen Namen zu nennen oder ihm eine Blume oder ein Blatt auf einen Stein zu legen. Er ist ein Narr, ein *Bhola*, der alle gerne glückliche sieht und niemanden eine Bitte verwehren kann. Diese Eigenschaft wurde ihm einmal fast zum Verhängnis. Wieder einmal war er völlig berauscht, nachdem er mehrere Krüge Bhang, die ihm seine Anhänger bereitet hatten, getrunken hatte. Der Dämon **Bhasmaka** nahm das zur Kenntnis. Wissend, dass Shiva in diesem Zustand nicht »Nein« sagen konnte, setzte er sich zu ihm und forderte frech: »Erfülle mir einen Wunsch!«

»Welchen?« fragte der Berauschte. »Ich wünsche mir, dass ich mit der bloßen Hand jeden töten kann, den ich berühre!«

»Es sei dir gewährt,« antwortete Shiva-Bholanath unbekümmert.

Sofort sprang der Dämon auf, um Shiva zu berühren, denn – wie es eben so bei den Dämonen ist – er wollte selbst an Mahadevas Stelle treten, vor allem aber, wollte er sich an der schönen sich Parvati vergreifen. In letzter Sekunde schnallte der berauschte Gott, was da ablief. Er sprang auf und rannte so schnell er konnte. Laut um Hilfe schreiend, stolperte er durchs Dornengestrüpp, über Stock und Stein. Die Nattern, mit denen er sein Lendenschurz festband, fielen zischend herunter, sodass er splitternackt war. Alle die ihn sahen, die Götter, Geister und Menschen, lachten lauthals.

»Nein, es ist kein Scherz, es ist bitterernst! Helft mir! Bhasmaka will mich unbringen!« schrie er. Da lachten sie noch mehr! Wie kann jemand denn den Herrn des Universums umbringen?

Einzig Vishnu, der Erhalter des Universums, sein bester Freund, erkannte, dass es kein Scherz war. Mittels seiner Kraft der Illusion (*Maya*) nahm Vishnu die bezaubernde

Gestalt der himmlischen Nymphe **Mohini** an. Nur mit einem hauchdünnen Schleier angetan, ließ er die Hüften sanft kreisen und die straffen Brüste verlockend auf- und abwippen. Der erotische Tanz tat seine Wirkung. Die Geilheit übermannte den Dämon, sodass er Shiva vergaß und nur noch eines im Sinn hatte. Mohini schaute ihm tief in die Augen und flüsterte »Komm, tanz mit mir.« Also tanzte Bhasmaka. Jede Bewegung machte er ihr nach. Sie hob ihren linken Fuß; er hob den seinen. Sie bewegte ihren Bauchnabel, er tat genau wie sie. Schließlich berührte sie ihren Kopf. Als er ihr das nachmachte und er seinen eigenen Kopf berührte, zerplatzte dieser wie ein Luftballon und loderte in Flammen auf. Das war sein Ende. In seinem Wahn hatte vergessen, dass jeder, der durch seine Hand berührt wird, zerstört wird.

Froschhochzeit

Auch **Ravanna**, der juwelengekrönte dämonische Zauberer aus Sri Lanka, war neidisch auf Shiva. Eigentlich hielt er sich für viel kultivierter und edler, als diesen halbverrückten, dem Ganja verfallenen Narr. Er wäre doch viel würdiger als dieser aschebeschmierte Faulenzer das Universum zu beherrschen und Parvati, die schönste aller Frauen, an seiner Seite zu haben. Ach, wie sehnte er sich nach der Wonne, die dieses Weib ihm bereiten könne. Also ersann er eine List und machte er sich auf nach Kailash. Er wusste, dass Shiva, wenn er berauscht war – und das war er praktisch immer –, nicht »Nein« sagen konnte. Als Geschenk brachte er dem beduselten Gott eine Laute (*Vina*), die dieser sogleich zupfte.

»Das klingt ja wunderschön,« freute sich Shiva, »was kann ich für dich tun?«

»Gib mir Parvati zur Frau,« forderte unverblümt der Dämonenfürst.

»Nun gut,« sagte Shiva ohne viel zu denken, »du wirst sie beim Baden im Manasarovar-See, unterhalb von Kailash-Berg finden.«

Die *Ganas*, die Geistwesen die Shiva begleiten, waren entsetzt. Sie hasteten voraus um Parvati zu warnen. Da nahm die Göttin einen Frosch aus dem Wasser und verwandelte ihn, mit einigen Zauberworten, in eine der erotischsten Weibsbilder, die man sich nur vorstellen kann. Als Ravanna den See erreichte und die Nymphe am Ufer sah, verliebte sich auf der Stelle. Er packte die vermeintliche Parvati, flog mit ihr zurück nach Sri Lanka und ließ die aufwendige Hochzeitszeremonie durchführen. Als er seine Braut in sein Gemach trug, verwandelte sie sich plötzlich wieder in einen ordinären quakenden Frosch.

Das Buttern des Urmeeres

Shiva, die Verkörperung von Wahrheit, Weisheit und Wonne (*Satchitanand*), ist jenseits von Gut und Böse, Hell und Dunkel, Sympathie und Antipathie. Er ist die Ureinheit selbst, das ruhende Auge im Wirbelsturm. Ansonsten, in der Welt, in der Schöpfung Brahmas, geht es drunter und drüber, da herrscht die Dialektik, der Kampf der Götter und Titanen, der Guten und der Bösen – wobei sich jeder als der Gute und die anderen als die Bösen sieht. Und immer gewinnt mal die eine Seite und ein anderes Mal die andere.

Irgendwann in der Urzeit tobte wieder einmal ein blutiger Krieg zwischen den Göttern und dämonischen Titanen. Da der blitzführende Götterkönig **Indra** versehentlich einen *Rishi*, einen weisen Seher, beleidigt und dessen Fluch auf sich gezogen hatte, stand es nicht gut für die Götter. Zugleich hatte der kluge **Shukra** (der Planetengott Venus) einen Zauberspruch ausfindig gemacht, der die erschlagenen Dämonen sofort wieder zu neuen Leben erwecken konnte. Die Reihen der himmlischen Streiter lichteten sich. Ehe es noch schlimmer werden konnte, empfahl Brahma den entmutigten Göttern mit den Dämonen Frieden zu schließen, um dann zusammen – es bedurfte der vereinigten Kräfte – das Milchmeer, das Urmeer, wie ein Butterfass zu quirlen. So würden sie den Trank der Unsterblichkeit, das Ambrosia (*Amrita*) erlangen und noch etliche andere Kostbarkeiten herausbuttern. Die Titanen waren einverstanden, stellten aber die Bedingung, dass sie die Hälfte des begehrten Tranks erhalten würden.

Sie nahmen den Weltberg **Mandara** als Butterquirl und die Weltenschlange als Strick, der um den Quirl gewickelt wurde. Die Dämonen packten das Schwanzende der Schlange, die Götter das Kopfende. Wie beim Tauziehwettbewerb zogen sie den Strick heftig hin und her, sodass das Meer zischte und brodelte. Zuerst aber, ehe die milchreiche Urkuh, die bezaubernden himmlischen Jungfrauen (*Apsarasas*), der Mond, die Glücksgöttin Lakshmi, die Heilkunst des Ayurveda und der himmlische Nektar der Unsterblichkeit erschien, brodelte unheilsschwanger das Gift der Welt, das alles zerätzende *Halahal* aus tiefsten Tiefen empor. Die Götter und Dämonen rannten in Panik davon. Vishnu versuchte das Gift aufzuhalten, aber die Berührung damit färbte ihn schwarz. Erschrocken eilten Brahma und Vishnu zum Berg Kailash, um Shiva aus seiner Meditation zu wecken. Der große Asket nahm das Gift in die Handfläche und trank es in einem Zug hinunter, als wäre es Wein! Kein Zweifel, das Gift, das nur noch in winzigen Resten in Giftpflanzen, Spinnen, Schlangen, Skorpionen, den Giftküchen der Chemiekonzerne und Geheimdienste, sowie im Dunklen verdorbener Herzen zu finden ist, hätte die ganze Welt zerstört, hätte es nicht der einzige Gott, der es verkraften konnte, hinunter geschluckt. Als Parvati das sah, bekam sie einen Schreck. Sie drückte ihm die Gurgel zu, wobei das ätzende Gift in die Haut des Halses sickerte, diesen blau färbte und erhitzte, als hätte er die schärfsten Chilipfeffer gegessen. Seither ist einer seiner 108 Namen **Nilakantha**, der Blauhals. Da der blaufarbige Hals nicht aufhörte zu brennen, wickelte Shiva kaltblütige Schlangen um ihn. Auch musste er ständig große Mengen Bhang schlucken, denn diese Flüssigkeit wirkt ebenfalls kühlend.

Inzwischen zogen die Götter und Titanen weiter an dem Strick. Endlich, zu allerletzt erschien aus den Tiefen, der Gott der ayurvedischen Heilkunde. In seinen Händen hielt er den Krug mit dem Nektar der Unsterblichkeit. Wie die vedischen Regeln verlangen, musste selbst dieser Nektar mit Gangeswasser oder einer ähnlichen heiligen Flüssigkeit geläutert und geweiht werden. Den Gangesfluss gab es damals jedoch noch nicht; noch weilte die junge Flussgöttin im hohen Himmel. Wieder gingen die Götter zu Shiva um Rat zu holen. Wegen der Wirkung des Giftes, schwitzte er aus allen Poren. Was er ausschwitzte war reines Bhang! Er sagte; »Nehmt meinen Schweiß, die Sahne meines Körpers, um den Unsterblichkeitstrank zu weihen«. Seither heißt der Bhang auch *Angaj*, »Sahne von Shivas Körper«. Nach dieser Prozedur war der Nektar endlich bereit zu trinken. In einem kurzen Moment, als die Götter, abgelenkt von der strahlend schönen Laksmi, nicht aufpassten, ergriffen die Dämonen den Pokal und flohen damit. Sie wollten die Unsterblichkeit alleine für sich. Als sie mit dem Gefäß über die Wolken rasten, fielen einige Tropfen des kostbaren Nektars auf die Erde. Aus diesen Tropfen entstanden die ersten Hanfpflanzen.

Als Vishnu die fliehenden Titanen gewahrte, nahm er augenblicklich die Gestalt der lieblichsten Himmelsnymphen, der Mohini, an. So schön war die »himmlische Verführerin«, dass sich Brahma vier Köpfe wachsen lief, um sie besser beobachten zu können und verspritzte seinen Samen, der als Silber und Gold auf die Erde fiel. Auch die Dämonen erlagen der Illusion und verspielten dadurch ihren Anteil am Unsterblichkeitstrunk. Während sie lüstern geifernd der illusiven Mohini nachjagten, prellten die Götter sie um ihren Anteil – übrigens ein Motiv, das wir auch in anderen indogermanischen Mythen wiederfinden.

Die Rishis, die als erste, die aus den Tropfen entstandenen Hanfpflanzen entdeckten und davon aßen, wurden daraufhin zu Siddhi-Meistern oder gar zu Gottheiten. Durch Hanf lernten sie zu levitieren, an verschiedenen Orten gleichzeitig zu erscheinen, in den Körper anderer einzudringen, ihre Gestalt verändern, sich unsichtbar machen, Gedanken lesen und vieles mehr.

Shiva und Parvatis Hochzeit

Nachdem er seine Sati verloren hatte zog sich Shiva in die Berge zurück und entsagte der Welt. Er war wie Stein, wie die Asche eines ausgebrannten Feuers, verloren in der Meditation seines göttlichen Selbst. Inzwischen jedoch wurde Sati, seine ewige Shakti, als Parvati (»die Bergfrau«), wiedergeboren. Alle Götter bemühten sich den Asketen aus seiner Weltvergessenheit zu wecken, damit er seine liebliche Braut wiedererkennen würde, und vor allem damit aus ihrer Liebe ein Heiland geboren werden konnte. Sie schickten den Liebesgott **Kama**, den wir als Eros oder Amor kennen. Dieser sollte mit seinen Bogen die zuckersüßen Pfeile des Verlangens in das kalte Herz des filzhaarigen, mit Staub bedeckten Yogis schießen, damit die Lust und Gier nach Leben und Liebe in ihm wie eine Flamme auflodern würde. Shiva aber öffnete sein Scheitelauge und verbrannte den Störenfried. Nun gab sich die junge Parvati ebenfalls der Askese hin, begab sich ebenfalls in die Wildnis, aß nur noch Wurzeln und Rinde und richtete ihren ganzen Sinn auf denjenigen, den sie einzig liebte. Tag und Nacht chantete sie seinen Namen. Sie übte tiefste Versenkung und merkte nicht einmal, dass Ameisen und Nattern über sie krochen oder Vögel in ihrem Haar ihr Nest bauten. In der tiefsten Tiefe der Versenkung begegnete sie Shivas Geist und lockte ihn wieder heraus ins Dasein.

So kam die große Liebe dennoch zustande. Aus dem asketischen Yogi wurde ein *Bhogi* – ein Genießer, der sich der Leidenschaft und dem sinnlichen Vergnügen hingibt. Shiva bat den mit einer Honigstimme begabten Götterboten **Narada**, für ihn den Heiratsantrag bei

Parvatis Eltern, dem Berggott **Himalaya** und seiner Gattin **Mena**, zu stellen. Die Mutter hatte ihre Bedenken, denn sie hatte nicht nur Erfreuliches über den Freier gehört. Schließlich willigte sie trotzdem ein, denn sie liebte ihre Tochter und kannte deren Herzenswunsch. Die Eltern veranlassten den Weltenbaumeister **Vishvakarman**, die Hochzeitsplattform zu bauen, ließen Vorräte an Süßigkeiten, Pasteten, Wein, Milch, Käse und Gerstenkuchen anlegen und schickten Einladungen an die zahllosen Gäste und an die Priester, Astrologen, Musiker und Tänzer.

An einem bestimmten Tag, an dem die Planeten besonders günstig standen, war es dann soweit. Am Tag vor der Hochzeit rollten ununterbrochen glänzende Prunkwagen durch das Tor, umgeben von geschmückten Elefanten, stolzen Rossen, Sängern und Tänzern. Gespannt schaute Mena, die Mutter der Braut, von ihrer Kemenate auf das rollende Getöse, in der Hoffnung ihren zukünftigen Schwiegersohn zu entdecken. Als ein besonders majestätischer Aufzug strahlender Götter vorbeifuhr, glaubte sie, Shiva auf einem großen Elefantenbullen entdeckt zu haben, aber ihre Zofen und Minister sagten ihr, dies sei nur einer von Shivas Dienern, nämlich Indra. Ungeduldig wartete sie weiter. Wieder erspähten ihre Augen einen edlen Fürsten, umgeben von singendem und tanzendem Gefolge; wieder musste sie hinnehmen, dass es auch diesmal nur ein Diener Shivas war. So ging es den ganzen Tag weiter.

Am späten Abend jedoch erschien plötzlich eine Horde wild umherspringender, lärmender Geister und Trolle, die sich rauften, unanständige Lieder grölten, grunzten, furzten und andere Gäste anpöbelten und besudelten.

Offensichtlich waren sie alle von Stechapfel und Ganja berauscht. In ihrer Mitte ritt ein schmutziger, ungekämmter Bettler auf einem Stier. Auch er schien vollkommen betrunken zu sein. Graue Asche und zischenden Vipern bedeckten seinen Körper und er trug einen Dreizack und einen Totenschädel als Bettelschale. Mena war entsetzt und wollte gerade die Ordnungskräfte rufen, um dieses Gesindel hinauswerfen zu lassen, als ihr mitgeteilt wurde, dass es sich hier um keinen anderen als ihren künftigen Schwiegersohn und seine Begleitung handele.

Als sie aus ihrer Ohnmacht erwachte, wollte sie sich und ihrer Tochter das Leben nehmen: »Lieber soll sie sterben, als mit einem solch unflätigen Ungeheuer verheiratet sein!«

Parvati protestierte, »Aber ich liebe ihn! Einzig Shiva will ich zum Mann haben!«

»Schweig, Kind! Dieser Yogi ist sicherlich ein böser Zauberer, der dich verzaubert hat!« sagte Mena und weinte.

Die Götter hatten alle Hände voll, die Jammernde wieder gut zu stimmen. Parvati betete: »Tue es für mich, Shiva. Zeige dich in der Gestalt, in der sie dich sehen wollen!« Shiva hörte ihr Gebet. Nun gut, sagte er sich, die Gesellschaft mag die Wahrheit nicht sehen, sie zieht es vor durch süße Illusionen unterhalten zu werden! Plötzlich stand ein sauberer junger Mann da, mit kräftigem Körper und holdem Anlitz, mit gepflegten Haaren und anständigen Kleidern – kurz, die Verkörperung der männlichen Schönheit.

»Ich komme, meine Braut abzuholen!« erklärte er

Parvatis verdutzten Eltern.

Mena, Parvatis Mutter, traute ihren Augen kaum: »Soll das derselbe sein, der da eben als scheußlicher Stromer auf einem wilden Stier daher geritten kam?«

»Das ist er!« sagte Vishnu.

»Und die netten, anständig gekleideten, höflichen Buben und Mädchen, wer sind sie?«

»Das sind die *Ganas*, die Begleiter des Bräutigams, die selben, die vorher wie Gespenster und Trolle aussahen.«

»Aber ... wie ... was ...?« stotterte die verwirrte Brautmutter.

»Lassen wir die Fragen, damit die astrologisch günstige Zeit für die Hochzeitszeremonie nicht verstreicht!« unterbrach sie Vishnu höflich.

Endlich begann die lange, umständliche Zeremonie. Pauken, Muschelhörner und Trompeten erklangen. Die Priester ließen ihre magischen Beschwörungen ertönen, aber es kam erneut zu einem Zwischenfall. Als der Brahmane, der die Zeremonie leitete, den Bräutigam aufforderte, seinen Stammbaum, seine Kaste, seine vedischen Vorfahren, seinen Guru und seine Erziehung öffentlich kund zu tun, musste Shiva beschämt sein Gesicht abwenden. Er konnte weder das eine noch das andere vorweisen. Narada rettete ihn mit seiner Honigzunge aus der peinlichen Lage, indem er erklärte, dass Shiva als Urwesen weder Familie noch Kaste besitze und dass er selbst der erste aller Gurus sei.

Ein weiterer peinlicher Zwischenfall ereignete sich während der Trauung. Der weißbärtige Brahma, der als Hauptpriester mitwirkte, wagte es nicht in das strahlende

Antlitz der jugendlichen Göttin zu schauen, so schön war sie. Deshalb hielt er seine Augen auf den Boden gerichtet. Aber schon die rot gefärbten Zehen waren dermaßen reizend, dass er seine Beherrschung verlor. Obwohl er krampfhaft seine Genitalien zwischen die Schenkel klemmte, tropfte sein Sperma zu Boden. Shiva, dem diese Unanständigkeit nicht entgangen war, war äußerst gereizt. Es hätte nicht viel gefehlt, er hätte zu seinem Dreizack gegriffen und dem alten Brahma einen weiteren Kopf abgeschlagen.

Ansonsten, aber verlief das Fest gut. Es ging heiter und lustig zu, nicht anders als bei einer typisch indischen Bauernhochzeit. Auch an derben Späßen fehlte es nicht. Shiva trug ein Lendenschurz, das von Schlangen zusammengehalten wurde. Als Shiva im Frauengemach seiner künftigen Schwiegermutter vorgestellt wurde, erlaubte sich Vishnu einen saftigen Scherz. Vishnu wusste genau, was für eine Todesangst das Natterngezücht vor seinem Reittier, dem Himmelsadler **Garuda** hat. Der Vogel hatte schon manchen von ihnen zerhackt. Als er mit dem Adler das Zimmer betrat, zischten die erschrockenen Kriecher von Shivas Körper herab und flüchteten in die dunkelsten Ecken. Dabei rutschte Shivas Hülle zu Boden, sodass er in seiner nackten Herrlichkeit mitten unter den kreischenden Frauen stand. Mena löschte eiligst das Licht. Vishnu lachte lauthals, Shiva musste lächeln, und sogar Parvati konnte ihr Schmunzeln kaum verbergen. Als Shiva schließlich seine Schürze wieder mit den Schlangen befestigt und das Frauengemach verlassen hatte, fingen die Frauen an, sich gegenseitig zu rügen: »Hast du den nackten Kerl aber lange angestarrt!«, hielt eine der anderen vor.

Wie jede unschuldige, frisch verheiratete Braut war Parvati zunächst noch sehr schüchtern. Der größte Dichter Indiens, **Kalidasa** (4./5. Jahrhundert n.u.Z.), beschreibt ihre Flitterwochen in seinem Gedicht **Kumara Sambhava**. Wenn sie Shiva sah, stieg ihr die Röte ins Gesicht, und sie wandte ihren Blick ab. Wenn er sie berührte, zuckte sie zurück. Nur wenn sie glaubte, er schlafe, wagte sie, einen Blick auf diesen Mann zu werfen. Seinerseits war er zwar ein bisschen enttäuscht, dass er nicht sofort, wie es ihn gelüstete, sie in die Arme nehmen, ihre Lippen beißen, ihre Brüste drücken und in ihr Wonnemeer eintauchen konnte. Aber er liebte sie und hatte Geduld.

Schnell verlor sie ihre Unschuld und lernte die Kunst des Liebens. Einmal, nachdem sie viel Hanfbier getrunken hatten, konnte sie ihre Worte nicht mehr klar aussprechen, ihr Blick verschwamm, ihr Sari verrutschte, ihre Schminke verschmierte, und sie verlor den Rest ihrer Hemmungen. Bald war sie besser in der Liebeskunst als jede Apsarasa, jedes himmlische Freudenmädchen. Tag und Nacht verbrachten alsdann die beiden auf ihrem Liebeslager und probierten immer ausgefallenere tantrische Positionen aus – so göttlich war es, kein Menschenpaar würde es ihnen nachmachen können. Sie liebten sich in der Gestalt eines jeden Tieres; sie trieben es als Schweine, Hirsche, Mücken, als Bienen im Blütenkelch, als geile Dämonen, als zärtliche Engel. Eine Ewigkeit verharrten sie ineinander verschmolzen, in unersättlicher, inniger Wonne. Und so wurden die beiden Hälften des Universums wieder eins.

Schlusswort: Tat tvam asi

Anmerkungen

Einführung

1 Bächtold-Stäubli, Hans und Hoffmann-Krayer, E., *Handbuch des deutschen Aberglaubens*, Bd. 3, Walter de Gruyter, Berlin, New York 1987, Seite 1437

2 Dazu die ausführliche ethnobotanische Studie von Jack Herer und Mathias Bröckers, *Die Wiederentdeckung der Nutzpflanze Hanf*, Zweitausendeins, Frankfurt am Main 1993

I. Eine Sakralpflanze

3 Basham, A. L., *The Wonder that was India*, Rupa, Calcutta, Allahabad, Bombay, Delhi 1982, Seite 238

4 Majupuria, Trilock Chandra and Indra Majupuria, *Pashupathinath*, Arihant Press, Jullandur (India), Seite 238

5 Eine von Carl A.P. Ruck geschaffene und auch für den indischen Hanf zutreffende Bezeichnung psychoaktiver Pflanzen, mit der Bedeutung, »das Göttliche erweckend«.

6 Rätsch, Christian, *Hanf als Heilmittel*, AT-Verlag, Aarau 1998, Seite 22

7 Mit *Dagga* oder *Dacha* bezeichneten die Hottentotten und Khoikheu (Buschmänner) das Löwenohr (*Leonotis leonuris*) aus der Familie der Minze. Sie rauchten es zur Entspannung und um böse Geister zu vertreiben. Der Name wurde später auf Cannabis übertragen.

8 Gebre-Selassie, Girma, *Babylon muss fallen*. Raymond Martin, Nürnberg 1989, Seite 158

9 Emboden, William A., »Cannabis in Ostasien – Herkunft, Wanderung und Gebrauch« in *Rausch und Realität*, (G. Völger und K. von Welck, Hrsg.) Hamburg 1982

10 Gaskin, Stephen, *Cannabis Spiritualität*, Nachtschatten Verlag, Solothurn 1998

11 Siehe dazu das Standardwerk über pflanzliche Gifte von Roth,

Daunderer und Kormann, *Giftpflanzen- Pflanzengifte*, Nikol, Hamburg 1994, Seite 189

12 Im Westen wird Yoga als eine Art Gymnastik angesehen, gemeint sind aber die Praktiken und Disziplinen im weiteren Sinn, welche die Seele mit ihrem göttlichen Ursprung verbinden soll.

13 Arbeitsscheue und Kriminelle, die sich als Sadhus verkleiden und oft Touristen linken, gibt es natürlich auch.

14 **Karma** (Sanskrit, »Akt, Handlung«) bezeichnet die Folgen und Auswirkungen aller Taten, aus diesem oder vergangenen Leben. Diese in Gang gesetzten Auswirkungen kommen als Schicksal auf den Verursacher wieder zu.

15 Patnaik, Naveen, *The Garden of Life*, Aquarian, New Delhi 1993

II. Bhangeri Baba

1 Wilkins, W. J., Hindu *Mythology, Vedic and Puranic*. Rupa Paperback, Calcutta, Allahabad, Bombay, Delhi 1982, Seite 279

2 Bhagwan Sree Rajneesh, *Das Buch der Geheimnisse*, Heyne, München 1983, Seite 84

3 Yokum, Glenn E., »Madness and Devotion in Manikkavacakar's Tiruvacakam« in *Experiencing Shiva*. (herausgegeben von Fred W. Clothey und Bruce Long) Manohar Publications, New Delhi 1983, Seite 20

4 Der ewige Kreislauf von Leben und Tod.

5 Neuss, Wolfgang, *Paukenschläge von Wolfgang Neuss*. Heyne, München 1985

6 Legnaro, Aldo, »Ansätze zu einer Soziologie des Rausches – Zur Sozialgeschichte von Rausch und Ekstase in Europa« in *Rausch und Realität*. Bd. 1. Gisela Völger und Karin von Welk, Hrsg., Rowohlt, Hamburg 1982; Seite 104

7 Man vergleiche die aus den indogermanischen Sprachwurzeln *men*

(denken, geistig erregt sein) und *menot* (Mond) entstandenen Begriffe, wie beispielsweise Sanskrit *man* (denken), lateinisch *mens* (Sinn, Denktätigkeit), lateinisch *mentiri* (dichten, lügen), lateinisch *mensis* (Monatsfluss), lateinisch *memor* (erinnern), englisch *mind* usw.

8   **Japa** = Wiederholung eines heiligen Wortes oder Gottesnamens

9   Die Ethnologin Erika Moser-Schmitt hat diesen Vers aus Bihar aufge-zeichnet. Siehe Moser-Schmitt: »Sozioritueller Gebrauch von Cannabis in Indien« in: *Rausch und Realität*, Bd. 2, (G. Völger und K. v. Weck, Hrsg.), Rowohlt, Hamburg 1982, Seite 938

10 **Bholanath**, (Hindi, *Bhola* = einfach, unschuldig; *Nath* = Beschützer, Herr), ein Name für Shiva, der uns jeden Wunsch erfüllt bzw. nicht »Nein« sagen kann.

11 **Shankar**, Shiva, der Friedliche

12 **Om namo narayana**, »Ehre sei Gott im Menschen« ist die übliche Grußform unter Sadhus.

13 **Rudraksha** (»Rudras Tränen«) = die braunen, schrumpeligen Nüsse des Ganiterbaumes. Sie werden aufgefädelt, als Gebetskränze (*Mala*) von Sadhus getragen. Die Rudrakshas symbolisieren die von Durga abgeschlagenen und geschrumpften Dämonenköpfe. Oder auch die Tränen, die Shiva vergossen hatte, als er das viele Leid sah, das die Schöpfung Brahmas plagt.

14 **Rakshasa** = böse Geister, Dämonen.

15 O'Flaherty, Wendy D., *Shiva: The Erotic Ascetic*. Oxford University Press, New York 1981, Seite 147

16 Hanson, Harold A.: *Der Hexengarten*. Dianus-Trikont, München 1983, Seite 66

III. Geschichten

1   Einige Sadhus glauben, diese Trommel besteht aus unserer Schädeldecke.

2   **Yoni** = Schoß, Ursprung, weibliche Scheide. Shiva und Parvati werden
    als Linga und Yoni dargestellt. Wenn das Ling im Yoni ruht, herrscht
    Frieden, Harmonie und Glückseeligkeit im Kosmos.

3   Die Gestalt der nährenden Annapurna scheint auf eine alte indoger-
    manische Gottheit zurückzugehen. Sie ist die Anu oder Dana (Dea
    Ana), die alles ernährende Muttergöttin der Kelten. Auch die Römer
    kannten eine Anna Perenna, deren Fest im Frühling mit Weingelagen
    gefeiert wurde. Während der Standeskämpfe zwischen den Patriziern
    und den Plebejern nahm das Volk Zuflucht auf einen Berg außerhalb
    der Stadt, wo die Göttin es vor drohender Hungersnot mit selbstge
    backenem Kuchen rettete. Sogar im Christentum erscheint die alles
    nährende Mutter als die heilige Anna, die Mutter der Mutter Gottes
    Maria.

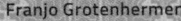